治心的学问

核心价值观六讲

黄相怀◎著

山东城市出版传媒集团·济南出版社

图书在版编目(CIP)数据

治心的学问:核心价值观六讲 / 黄相怀著. —济南:济南出版社,2016.8(2018.6 重印)

ISBN 978-7-5488-2256-1

Ⅰ.①治… Ⅱ.①黄… Ⅲ.①社会主义建设—价值论—中国 Ⅳ.①D616

中国版本图书馆 CIP 数据核字(2016)第 201404 号

治心的学问:核心价值观六讲

出 版 人 崔 刚
策 划 人 孙凤文
出版执行 张元立
选题执行 刘 洁
责任编辑 张慧泉 刘 洁
版式设计 张 倩
装帧设计 水玉银文化

出版发行 济南出版社
地 址 山东省济南市二环南路 1 号(250002)
编辑热线 0531-86131741
发行热线 0531-67817923 86922073
印 刷 山东省东营市新华印刷厂
版 次 2016 年 8 月第 1 版
印 次 2018 年 6 月第 2 次印刷
成品尺寸 145mm×210mm 32 开
印 张 7.25
字 数 108 千
印 数 1-4000 册
定 价 48.00 元

人类社会发展的历史表明，对一个民族、一个国家来说，最持久、最深层的力量是全社会共同认可的核心价值观。核心价值观，承载着一个民族、一个国家的精神追求，体现着一个社会评判是非曲直的价值标准。

——习近平

人能弘道，非道弘人。

——孔子

人生如同故事，重要的并不在有多长，而是在有多好。

——[古罗马]塞涅卡

精彩观点提要

给活法一个积极健康向上、普遍持久恒常的说法，并借助于做法予以贯彻和体现。

人既要活着，还要活好；既要安全地活，还要幸福地活，要活得有特色，有意义，有滋味，有底气，有道理。只有借助核心价值观，才能达到这个境地。

价值系统一头连着知识系统，一头连着审美系统，知识系统如果离开了核心价值观的支撑，最优秀的科学家可以为希特勒制造出最先进的导弹；审美系统如果离开了核心价值观的支撑，文学艺术作品就会成为赤裸裸地、极致地满足人的感官体验的消费品，危害甚至超过海洛因、冰毒。

离开了价值观的支撑，所谓审美，就是对感官的刺激与再刺激，满足与再满足。这种刺激，本质上是一种伤害；这种满足，本质上是一种填塞。

物质世界本来都是粗糙地、杂乱地摆在我们面前的，我们只有赋予它一个确定的理解和回答之后，这个世界才有意义地浮现在我们面前，我们才对这个世界有了一个更加有意义的认知和理解。

认同性整合的重要作用在于：一是设定值得推崇和追求的核心价值观。从这个角度看，共产党应当成为最重要的“价值提供商”。二是把核心价值观巧妙地转化为承载特定价值内涵的荣誉感、幸福感，即意义。从这个角度看，共产党应当成为卓越的“意义供应商”。

从终极的意义上看，核心价值观是一个对人的生命本质追寻的高深理论问题；从宏观的角度看，核心价值观是一个在认识领域进行科学管理的治国理政问题；从日常的生活看，核心价值观是一个对人的行为规范引导的社会实践问题。

核心价值并非抽象玄虚的空中楼阁，也非高蹈深奥的学理探讨，它其实是千千万万普通人在日常生活中践行的美德，是一般公众都理解通晓的生活准则和价值观念。或者说，它就是诸多正常美好事物的概括与总结。这些价值都是人们一致认同的，它的含义当然是理论探讨和学术研究的课题，但更是普通人所体认的那些平凡而具体的善意和美好。做个善良、有责任心的好人往往并不需要复杂的伦理学的探讨，而是在生活中做出具体的、生动的选择。

现在我们有了这样一个价值观念、框架，让我们真正地开始在一个新的起点和规范的基础上，来建立自己内心的道德判断框架、社会的道德框架和自己人生的意义框架。所以，关键是要把自己的工作和核心价值观结合起来，把自己的思考、领悟，自己的为人处事与核心价值观结合起来，遵循规律，按照这种道德的获得规律、养成规律和人的修身规律，一点一点地把自己的核心价值观塑造起来。

政治是骨骼，经济是血肉，没有骨骼立不住，没有血肉不丰满，但是没有文化，就没有灵魂。口袋鼓，脑袋瘪，无论是一个人，还是一个民族，都不可能得到人家发自内心的认可和尊重。文化是经济发展的助推器、政治文明的导航灯、社会和谐的黏合剂。

根据道德标准来说，人大体上可以分为三类：一类是凡人，一类是好人，一类是圣人。培育和践行核心价值观，必须根据这个分类来实施：一是认可人之为凡人，大家首先并且最重要的，都是有七情六欲、儿女情长的凡人，都生活在凡俗的世界之中；二是鼓励凡人成为好人，或者说，鼓励凡人的好事善举，在一点一滴、一举一动、一言一行中营造社会的好人好事氛围；三是提倡好人变为圣人，或者说，对于那些立志成为圣人的好人，要积极地创造条件和氛围，要积极支持他们的活动和事业。

我们应当将心灵安放在何处

——《治心的学问——核心价值观六讲》自序

思考当代中国的社会主义核心价值观，首先需要弄清楚的一件事就是，核心价值观是干什么的？我的回答是：推进心灵治理现代化。

国家治理体系和治理能力现代化，是个有着丰富内涵的、分层次的概念，它可以分为器物层面的现代化、制度层面的现代化，以及心灵层面的现代化。而心灵层面的现代化，在国家治理现代化中，有着至关重要的战略意义。它丰富、调节和滋养着其他方面的现代化，并抵消和抵制其他方面的现代化给人所带来的种种负面影响。

经典的现代化理论告诉我们，器物和制度层面的现代化，必不可少地将带来人的心灵层面的现代化，而心灵层面的现代化，无非就是世俗化。然而，真的是这样吗？一方面，我们看到，确实，随着器物和制度层面的现代化，人们的心灵世界发生了世俗化的转向，个体意识、独立的自我等开始滋长。但是，这仅仅是事情的一个方面。也需要看到的是，正是由于器物和制度层面的现代化的到来，人们反倒产生了对更高层次的、可以驾驭和抵消这些方面现代化不良后果的需要。无法想象，一个生活在现代的器物和制度环境中的人，如果没有心灵世界的内在和外在约束，将是一个什么样的人——或许，就是一个魔。

人不仅生活在一个活法的世界、做法的世界中，也生活在一个说法的世界中。从本质上说，说法世界所提供的意义和价值，对于现代化人更具有根本的意义。没有一个积极健康向上、普遍持久恒常的说法，即便在一个充满器物和制度现代化的环境中，人依然活得没有气质、没有意思、没有底气，不幸福、不快乐、不踏实。

致力于推进国家治理体系和治理能力现代化的中国共产党，以让人民过上美好生活为目标的中国共产党，不但在器物和制度现代化上对人民群众负有不可推卸的责任，在心灵治理现代化上也负有不可推卸的责任。这是因为，人们的心灵世界是否充实丰满，同样事关人们的幸福安康。正如对于物质世界的雾霾负有公共治理责任一样，对于心灵世界的雾霾，同样也负有公共治理责任。

器物和制度现代化产生的是任性的人，而任性的人是难以获得真正的幸福的。正是在这个意义上，必须用核心价值观滋养任性的人，使其成为一个理性的人。一个理性的人绝不仅仅意味着一个精明算计的人，同样也意味着一个对自己的心灵和社会的心灵负有多方面道德和义务的人。因此，所谓的文化产业的大发展大繁荣，那种以娇着、宠着、惯着任性的人为其利润来源的文化产业，本质上是对任性的人的放纵，实质上是更加伤害了他们。

但是，心灵治理的现代化，必须按照心灵世界的治理特点和规律来进行。那种大拆大建、改弦更张般的推进现代化的方式，在心灵世界里面是不适用的。心灵世界的治理，是在人最柔软的部位搞工程，必须循序渐进，讲究艺术。其中，文化的滋养就具有了至关重要的意义。因此，中华民族最大的战略资源——文化资源，就是极为可贵的有待开发利用的财富。

人应当对自己的心灵面貌负责，恰如应当对他的外在面貌负责一样，这本来是一个常识。但是，许多人倍加重视自己的外在面貌，却很少关注自己的内心世界。这是很具有讽刺意味的。一个用着最先进的手机的人，整天看着最垃圾的影视剧，这构成了我们这个时代最大的嘲讽。

任何人都只能在社会倡导的价值观框架中找到自身的意义，而国家有责任有义务搭建这样一个价值观框架为大家遮风挡雨。

目录

第一讲

占有自己全面的本质

为什么要有核心价值观

有这么一个故事：

一位年迈的英国人教导孙子们人生的真谛。

他说："在我内心深处，一直在进行着一场鏖战。战争是在两只狼之间展开的。一只狼是恶的——它代表恐惧、生气、悲伤、悔恨、贪婪、傲慢、自怜、怨恨、自卑、谎言、妄自尊大、高傲、自私和不忠；另外一只狼是善的——它代表喜悦、和平、爱、承担责任、宁静、谦逊、仁慈、宽容、友谊、同情、慷慨、真理和忠贞。同样，战争也发生在你们的内心深处，在所有人内心深处。"

听完他的话，孩子们静默不语，若有所思。

过了片刻，其中一个孩子问：

"那么，哪一只狼能获胜呢？"

“你喂给它食物的那只。”

饱经世事的老者回答道。

培育和弘扬核心价值观，根本的就在于我们给哪只狼喂食物。

在《实践理性批判》中，康德写道：“有两样东西，越是经常而持久地对它们进行反复思考，它们就越是使心灵充满常新而且日常增长的惊赞敬畏：我头上的星空和我心中的道德法则。”[①] 这是人类思想史上气势磅礴的名言之一，它刻在康德的墓碑上。

将道德法则与星空相提并论，可以看出道德法则在人类社会生活中的重要性，由此也可以看出核心价值观在人类社会生活中的重要性。

为什么要有核心价值观，原因可以这样来表述：除了欲望，我们内心还有一种超越的力量。

这种超越的力量，就是竭力成为“完整的人”——

马克思这样指出：“人以一种全面的方式，也就是说，作为

---

① 康德：《实践性批判》，李秋零译注，中国人民大学出版社 2011 年版，第 151 页。

一个完整的人，占有自己的全面的本质。人同世界的任何一种人的关系——视觉、听觉、嗅觉、味觉、触觉、思维、直观、感觉、愿望、活动、爱，——总之，他的个体的一切器官，正像形式上直接是社会的器官的那些器官一样，通过自己的对象性关系，即通过自己同对象的关系而占有对象。对人的现实性的占有，它同对象的关系，是人的现实性的实现，是人的能动和人的受动，因为按人的含义来理解的受动，是人的一种自我享受。”①

第一节　人类的“活法”“做法”与“说法”

一个社会，一个国家，或者人类作为整体来说，为什么需要有核心价值观？这是一个极为重要的问题。

这个问题，可以从歌德的《浮士德》中引出——

《浮士德》是公认的迄今为止德国最伟大的文学作品。有人指出，当你在晚上准备进入梦乡的时候，突然从内心涌出一股

① 《马克思恩格斯全集》第42卷，人民出版社1979年版，第123页。

感伤：这一天过得是那么贫乏、单调而无聊，没有激动人心的欢乐，也没有撕心裂肺的哀伤，想不出一点儿有价值的成绩和温暖心房的享受，一天就这么过去了，更可怕的是明天还会如此。日日月月，岁岁年年，似乎全都笼罩着一种灰色。你望着昏暗模糊的屋顶，望向无边的黑夜，心中会冒出一个问题：人到底为什么活着？一种强烈的想要改变自己命运的欲望在猛烈地撞击着你的心房，眼泪被欲火烧干了，一种没有明确目的的决心却在你内心里凝固下来，你几乎抱着“如此活毋宁死”的思想准备重新生活……这时，你已接近浮士德的境界了。

“如果寻找不到生命的意义，就应该去寻找死亡。”这就是浮士德的精神。

浮士德的精神中，就蕴藏着核心价值观最核心的秘密。

从一般意义上看，人类社会的图景可以分为三大板块。第一个板块是人类的生产生活方式。所谓生产方式，就是建立在一定的社会生产力发展水平之上的生产关系的总和；所谓生活方式，就是由人的衣食住用行方式等构成的生存方式。生产生活方式构成了人类赖以存在的物质条件和经济基础。由于生产生活方式主要支撑的是人类的生物性存在，因此可以把它称为人类的“活法”。

由于活法主要呈现的是人类对物质资源的生产、获取、分配和消耗方式，因而它的基本准则是效率。人类社会发展进步的历程，就是有效率的生产生活方式替代无效率的生产生活方式的进程。市场经济取代计划经济，互联网思维取代传统思维，就是这一准则发挥作用的显著事例。

第二个板块是人类的运行规范方式。所谓运行方式，就是人类社会在什么样的轨道上、按照什么样的模式进行交往互动；所谓规范方式，就是人类社会在规定和约束交往互动的过程中采取的原则要求。运行规范方式构成了人类赖以存在的社会模式和社会关系基础。由于运行规范方式主要支撑的是人类的社会性存在，因此可以把它称为人类的“做法”。

由于做法主要呈现的是人类对于人与人之间社会关系的调节方式，因而它的基本准则是秩序。人类社会发展进步的历程，就是不断从无序走向有序的进程。民主政治取代专制政治，法治社会取代人治社会，就是这一准则发挥作用的典型标志。

第三个板块是人类的认知理解方式。所谓认知方式，就是人们认识、观察、探索世界的方式；所谓理解方式，就是人们按照什么样的思维、理念和模式对世界进行解读和阐释。认知理解方式构成了人类赖以存在的意识和舆论基础。由于认知理解方式主要支撑的是人类的思想性存在，因此可以把它称为人类的“说法”。

由于说法主要呈现的是人类对于人与人之间心灵关系的认识，因而它的基本准则是价值。人类社会发展进步的历程，就是新的价值取代旧的价值、积极先进的价值取代消极落后的价值的进程。文明现象取代野蛮现象，自由理念取代奴役思想，平等理念取代等级思想，就是这一准则发挥作用的有力证据。

这三大板块之间存在着密切的关系：没有第一板块，人类就活不下去；没有第二板块，人类就活得不安稳；没有第三板块，人类就活得没意思、没底气、没道理。人类要想活得有意思，就得需要核心价值观的规范和引领。

在活法领域，要算账；在做法领域，要论理；在说法领域呢，要崇德。现在一个比较大的问题，大到国家教化，小到家庭教育，我们习惯性地用算账或论理的思维来灌输说法性的东西。殊不知这样非但不容易起作用，有时甚至会起相反的作用。

比如，把“善有善报，恶有恶报”当作一个比较简单的劝说模式是可以的，但对已经被市场经济思维高度同化的人来说，是没有多大作用，甚至还有反作用的。一个“好人有好报”的事例后面，可能会有 10 个乃至 100 个好人没有得到好报的例子。

我们要认识到：崇德本身就有自己的价值，它不会让人成为有钱人、有权人，但能让人心灵得到陶冶、灵魂得到净化、内心得到充盈。这种愉悦、满足和幸福感，是任何物质性的东西都无法取代的。

欲望升华后的舒畅感，与欲望释放后的舒畅感，哪个更美妙呢？

升华是指被压抑在潜意识中的本能欲望在转向社会所许可的创造活动中，获得变相的象征性的满足。艺术便是以升华的形式宣泄本能欲望满足的途径之一，文学艺术的奥秘及其价值就在于它是一种无意识（或自由联想）的活动。[①]

《西游记》作为中国古代文学史上四大名著之一，在人们心中的地位经久不衰，一个重要原因与该书的核心人物孙悟空有关。本来是一只天生石猴，承天地之灵秀，顺宇宙之造化，蒙众神之仁爱，原本可以像其他猴子一样过着常规生活，但孙悟空却偏偏不满足既有生活，反而有了更高追求。这种追求不仅是它对同类生活的一种超越，更是一种对自我的超越。这样一

① 叶启绩、林滨、程金生等：《20世纪西方人生哲学》，人民出版社2006年版，第92页。

种更高境界、更有作为、更有担当的精神状态引领着孙悟空最终修炼成为心灵陶冶、灵魂净化、内心充盈的斗战胜佛。孙悟空若不是心中有最初超越自我这一信念的顽强支撑，恐怕也不会有后来在困难面前百折不回的勇气，也就更不会有后来的修成正果。

神话故事是虚构的，但其折射的道理却是现实生动的：不断追求，是前进途中一种不竭的动力。

再看一个玄幻的但又很现实的例子：《聊斋·耳中人》

谭晋玄，邑诸生也。笃信导引之术，寒暑不辍。行之数月，若有所得。一日，方趺坐，闻耳中小语如蝇，曰："可以见矣。"开目即不复闻；合眸定息，又闻如故。谓是丹将成，窃喜。自是每坐辄闻。因俟其再言，当应以觇之。一日，又言。乃微应曰："可以见矣。"俄觉耳中习习然，似有物出。微睨之，小人长三寸许，貌狞恶如夜叉状，旋转地上。心窃异之，姑凝神以观其变。忽有邻人假物，扣门而呼。小人闻之，意张皇，绕屋而转，如鼠失窟。谭觉神魂俱失，复不知小人何所之矣。遂得颠疾，号叫不休，医药半年，始渐愈。

假如人生是一场修行的话，是不是每个人身上都如谭晋玄这般藏着一个小人呢？是不是修成正果就必须把小人去掉呢？

是不是许多人去掉小人就会“神魂俱失”呢？这个故事非常值得玩味。

人得有所追求。崇德，即是恒久的追求，是最有力量的信仰支撑，也是最耐得住考验的精神支柱。

核心价值观的主要作用，就在于给活法一个积极健康向上、普遍持久恒常的说法，并借助于做法予以贯彻和体现。

第二节　一个积极健康向上、普遍持久恒常的说法

从一个社会、一个国家的角度来说，为什么要提倡一种核心价值观？从一定意义上来说，在于核心价值观对这个社会、这个国家在精神和思想层面起到一个非常重要的支撑作用。古今中外莫不如此。

盛极一时的罗马帝国曾经称雄于欧亚非三大陆，促其成长为庞大帝国的原因很多，而质朴的民族精神和务实的立国思想则是它早期迅速发展壮大的内在根源。这一点我们透过古罗马建筑遗址仍然能够可见一斑：早期罗马建筑的风格向来是注重实用、不事张扬，一切以满足现实需要为出发点和立足点，质

朴务实的民族精神随处可见。可以说，正是早期罗马民族这一昂扬向上的精神面貌和进取状态，使得整个民族空前团结、力量凝聚，才能不断赢得历次对外扩张战争的胜利。而后来庞大的罗马帝国不断消解，在某种程度上来说仍可归结为罗马民族精神的衰落。因为自从建立起帝制之后，罗马民族精神中的质朴之风日益消弭，取而代之的是骄奢淫逸之气，因此著名历史学家塔西佗认为，正是由于昔日立国精神的逐渐亡丧、世风日下，才直接导致战斗力和影响力的削弱，并最终导致了罗马帝国的瓦解。“罗马不是一天建成的”，这里面隐含着早期罗马民族精神无尽的韧劲。同样，罗马也不是一天瓦解掉的。虽然后来也有过复兴的种种尝试与努力，却终究没有能够重现昔日的荣光。一个没有了精神支撑的民族，无论其历史曾经多么辉煌，在现实中只能是个“扶不起的阿斗”，终究逃不掉衰亡的历史命运！

我们中华民族之所以能够从几千年的历史中一路走来，生生不息，走出一条有自己特色的拥有悠久历史和文化发展的道路，其中一个非常重要的原因，就是我们的祖先很早就形成了一套对天地万物的价值观念理解体系。比如《易经》里的这句“天行健，君子以自强不息；地势坤，君子以厚德载物”，对于中华民族来说，就起着非常重要的精神支撑作用。

自强不息如天。天，生生不息，所以不会沮丧，不会有挫折感，一往无前地覆盖着万物，任由万物生长，这就叫“天行健”，从“天”里面就悟出来一个“自强不息”的道理。大地，无论高山、平原，还是沟壑，什么样的地形地势都有，也就是所说的“地势坤，君子以厚德载物”。就这样，中华民族的祖先从对天与地的领悟中，成就了中华民族独特的价值观念。我们的祖先仰观天，俯察地，然后形成了一种历久不息的中华民族精神，这就是精神的力量！反观世界上一些民族，由于没有发展起自己的独特价值观念，结果如同流星一样兴起了，又如同流星一样衰落了，留下的东西很少，或者什么也没有留下。这就是有没有核心价值观做支撑所带来的差别。

核心价值观是怎样起作用的呢？

它可以对国家起到引领作用。

拿我们所倡导的“富强”来说，有的人简单地从字面理解，认为富强就是富国强大。是这样吗？显然不能这么简单理解。正确的理解恐怕应该是，既要富裕强大，又要有驾驭和操控富裕强大的智慧和价值观。动不动就秀肌肉，亮拳头，恰恰是不够强大的表现。而离开了智慧和价值观，富裕强大起来之后也难以持续长久。

许多盛极一时的庞大帝国，但凡注重自身道义的“富强”，往往王道必行、近悦远来，如汉唐盛世之际的中外交往范围宽广、内容深刻，交流程度之深相对过去皆有重大突破。其时各国之间友好往来的盛况，给世界其他民族留下了绵延不息的记忆，直到今天，汉服、唐装、唐人街仍为世界所心仪和青睐。这就是汉唐价值观念的力量，它所产生的深远历史意义和强大现实功效，绝非单单秀一秀“军事肌肉”所能为也。想一想元朝帝国的迅速壮大与骤然解体，“其兴也勃焉，其亡也忽焉”，不正反向说明了价值观在大国崛起之中的重要地位吗?

古往今来，莫不如此。当今世界美国一家独大，到处不断地向世界各地兜售着自己的价值观念，其用意就是要通过意识形态的输出，获得其他国家的认可。

它可以对社会起到引领作用。

拿我们所倡导的自由来说。自由是非常可贵的，有一首诗：“生命诚可贵，爱情价更高。若为自由故，二者皆可抛。”有的人把自由理解为想怎样就怎样，不受任何其他人的约束和管教。是这样的吗？自由并不是随心所欲，你的自由的边界止于他人的自由。北京的那个禁烟广告有点意思：“你有吸烟的自由，但不能自由地吸烟。”自由与道德从来就像是一对孪生兄弟，真正的道德根本终究是自由的，真正的自由一定在道德的范畴之内。

有人问英国前首相丘吉尔的母亲，是否为自己当首相的儿子感到骄傲，她说：“是的，我还有一个儿子正在田里挖土豆，我为他们感到骄傲!”权力不是他们的全部，把回归自然的状态当作追求而毅然放弃对权力的留恋，这是怎样一种洒脱？因而他们最终拥有了自由。

自由还是一个政治概念，美国政治学者亨廷顿教授就说：“人当然可以有秩序而无自由，但不能有自由而无秩序。”①

在马克思主义理论那里，共产主义的自由令人向往：“在共产主义社会里，任何人都没有特定的活动范围，每个人都可以在任何部门内发展，社会调节着整个生产，因而使我有可能随自己的心愿今天干这事，明天干那事，上午打猎，下午捕鱼，傍晚从事畜牧，晚饭后从事批判，但并不因此就使我成为一个猎人、渔夫、牧人或批判者。”② 但是这样的自由，是建立在生产力高度发达、社会产品极大丰富以及人们对生产关系和分配

---

① ［美］塞缪尔·P·亨廷顿著，王寇华、刘为译：《变化社会中的政治秩序》，三联书店 1989 年版，第 7 页。

② 《马克思恩格斯全集》第 3 卷，人民出版社 1956 年版，第 56 页。

关系高度驾驭的基础之上的。

它还可以对个人起到引领作用。

想象一下马克思的例子：1835 年夏天，17 岁的马克思即将中学毕业，他的一篇作文引起了老师的注意。这篇文章的题目是：青年在选择职业时的考虑。文中有几段这样写道："如果一个人只为自己劳动，他也许能够成为著名学者、大哲人、卓越诗人，然而他永远不能成为完美无疵的伟大人物。"① "如果我们选择了最能为人类幸福而劳动的职业，那么，重担就不能把我们压倒，因为这是为大家而献身；那时，我们所感到的就不是可怜的、有限的、自私的乐趣，我们的幸福将属于千百万人，我们的事业将默默的、但是永恒发挥作用地存在下去，面对我们的骨灰，高尚的人们将洒下热泪。"②

当代中国，市场经济让许多人发了财，改革开放让很多人掌握了实权，这些人都必须要用价值观规约和引导。试想一下，一个人手握金箍棒而头上没有金箍儿，会变成什么样？只能是无法无天。

---

① 《马克思恩格斯全集》第 40 卷，人民出版社 1982 年版，第 7 页。
② 《马克思恩格斯全集》第 40 卷，人民出版社 1982 年版，第 7 页。

在对于积极健康向上、普遍持久恒常的价值观的追求与践行上，人类有很多共同之处。

比如，美国公民在“9·11”事件发生时所表现出的现代公民应有的素质，值得我们学习借鉴。有两个值得赞叹的场景：一个在地下，一个在天上。在地下，大楼起火后，一方面是工作人员从步梯里面往下走，另外一方面是消防人员从步梯往上去，一上一下之间就可以看出公民的素质：没有人乱插队，没有人抢跑，大家自觉地靠着自己的行道往下或者是往上走，没有发生任何拥挤的现象。在天上，当一架飞机上的乘客知道劫机分子要劫持他们的飞机去撞大楼的时候，他们在危急时刻还建立了一个小型的讨论机制，决定怎样跟劫机分子做斗争。后来他们达成一致：与劫机分子同归于尽。即使同归于尽也不能让这个飞机撞上大楼。最后他们成功了。这就是现代公民的一种素质。如果没有日常的公民精神、核心价值观念的熏陶，他们是不会做出这样的事情的。再反观一下我们国内，比如过马路遵守红绿灯指示，买东西排队，观看大型比赛等现象，我们就会发现，有没有现代核心价值观的引导，确实差别很大，所以我们的的确确需要核心价值观来熏陶。

没有这样积极健康向上、普遍持久恒常的说法，我们的做法、我们的活法，是不完善的、不完备的，甚至可以说是残缺不全的。

古希腊政治学家亚里士多德说："城邦之外，非神即兽。"神因为物质上充裕，精神上富足，因而居住在奥林匹斯山上，过着悠闲自在的生活；兽居住在森林之中，整日为了生存奔波不止，精神的需求无从谈起。唯有人，既具备了一定的物质基础，又组成了社会，但缺乏神的那种精神上的富足，因而需要有一套共同的价值观念来约束和规范。

爱因斯坦曾指出："用专业知识教育人是不够的。通过专业教育，他可以成为一种有用的机器，但是不能成为一个和谐发展的人。要使学生对价值有所理解并且产生热烈的感情，那是最基本的。他必须获得对美和道德上的善有鲜明的辨别力。否则，他——连同他的专业知识——就更像一只受过很好训练的狗，而不像一个和谐发展的人。"①

孔子说过"鸟兽不可与同群"这样的话，表达的也是这个意思。

孔子周游列国之际，有一天被一条大河拦住了去路，于是

---

① 《爱因斯坦文集》第三卷，商务印书馆2009年版，第358页。

他就让子路去打听渡口。子路正好看到田地里有两个人在耕作，其中一个人叫长沮，另一个人叫桀溺。于是子路走上前去，先问了长沮。长沮说："像鲁国孔丘那样聪明的人，他自己该知道渡口在哪里呀，还需要问我吗？"子路讨了个没趣，然后转过身又去问桀溺。桀溺说："如今这世道纷纷乱乱，礼坏乐崩，如滔滔的大水弥漫，天下都是这样，你们和谁去改变这种现状呢？而且，你与其跟随躲避人的人，还不如跟随避开整个社会的人呢。"桀溺一边说着，一边连头也不抬地忙着自己手里的活计。子路很失落地回来告诉孔子自己问渡的遭遇，孔子怅惘地叹息说："人与鸟兽是不可同群的，我不同世人一起生活又同谁呢？假若天下有道、礼乐受尊、纲常有序，我孔丘就不会参与变革现实的活动了。"人作为一种社会性存在，不同于一般的动物鸟兽，动物界遵循的是丛林法则、弱肉强食、优胜劣汰，但人类社会却不可以如此。人应该有自己的底线，需要有自身的道德准则，否则的话与动物有什么区别呢？孔子讲："其恕乎！己所不欲，勿施于人。"这里的"恕"是指儒家的推己及人，要求做到仁者爱人；同时，自己不喜欢的，也不要强加给别人，以增添别人的烦恼。细想孔子真是伟大，人类社会存在并得以延续的一条终极道德法则正在于此。如果人类社会没有基本的道德法则作为约束，那便不敢想象这个社会将会成为什么样子……因此，我国历史上的历代封建王朝的统治者们，都知道社会秩序的重要性，都能够根据自己的需要制定出一系列符合现实需要和自身利益的社会秩序和法律体系，“三纲五常”、君贵民轻、等级有序……这些无一不是封建社会价值观念的固化产物，当然也由此起到了约束民众、巩固统治的作用，在客观上同样达到了净化社会风气的效果。

第三节　给道义机制留出足够大的调节空间

我们来看看《聊斋·金世成》所讲述的故事：

金世成，长山县人。平时行为不检点，忽然出家做了个行脚和尚，样子疯疯癫癫的，专爱吃脏东西，吃起来像吃美味佳肴一样。有狗、羊在前面屙了屎，他就跑过去趴在地上津津有味地吃掉。他还自称是“佛”。那些愚蠢的百姓妇人，惊异于他与众不同的行为，自愿拜他为师的人成千上万。金世成呵斥她们让她们吃屎，没有一个敢违抗的。他给自己盖了座宫殿，花了数不清的钱，都是人们自愿捐献的。县令南公憎恶金世成行为怪诞，将他逮到县衙，打了顿板子，让他出钱去修文庙。金世成的徒弟们奔走相告，说“佛遭难了”，都争着募钱搭救他，结果文庙没出一个月就修好了。费用的筹集，远比酷吏追逼还快。

为什么思想的力量要远大过权力的力量？值得思考。

人类的生活图景中，贯穿于第一个板块中的，是利益机制，即对利益的追逐和利益上的满足。贯穿于第二个板块的，是暴力机制，即暴力的合法化使用和对暴力的畏惧。贯穿于第三个板块的，是道义机制，即道义的感召和对道义的敬从。

根据这个框架，当代中国的价值观念出现问题的原因，主要在于利益机制和暴力机制过分扩张，侵占了道义机制本该发挥作用的领域，从而使得道义调节发生了严重的功能障碍。

2011 年中共中央《关于深化文化体制改革推动社会主义文化大发展大繁荣若干重大问题的决定》讲：物质贫乏不是社会主义，精神空虚也不是社会主义。物质贫乏就指的是我们的生产生活方式，指的是我们经济基础领域；精神空虚就指的是我们意识形态领域，或者叫价值观念领域。

马克思说：“人民自觉或不自觉地，归根结底总是从他阶级地位所依据的实际关系中——从他们进行生产和交换的实际关系中，获得自己的伦理观念。”[①] 改革开放后，中国大规模引入了市场经济的生产生活方式，这种生产生活方式把价值交换、利润回报等作为准则，其理念和习气全方位地渗透到了各个角落。

文化上的准备不足和现代性要素的全面入侵，就催生了可以说从改革开放一直到现在都没有解决的问题，就是认知理解领域的价值观念问题。

邓小平早在 1981 年 1 月 12 日会见日本参议员代表团时就说：“没有好的道德观念和社会风气，即使现代化建设起来了也不好，富起来了也不好。”[②]

在改革开放的前期，价值观念的问题尚不明显。因为这个时期的主要任务，是解决生产力的发展和生活水平提高的问题。但是生产力发展到一定阶段，生活水平提高到一定程度，价值观念的问题就提上了日程。管子说：“仓廪实而知礼节，衣食足而知荣辱。”但实际上，也可能是“饱暖思淫欲”，丰衣足食并不能自动地导致民众遵守礼义廉耻。如果没有价值观的规范和

① 《马克思恩格斯全集》第 2 卷，人民出版社 1957 年版，第 118—119 页。

② 《邓小平思想年谱（1975—1997）》，中央文献出版社 1998 年版，第 179 页。

引领，丰衣足食也有可能造就“土豪”，导致礼崩乐坏，导致世风日下。这样的例子，在人类历史上比比皆是。

西晋一朝虽短暂但极尽奢靡之能事，古今罕见！西晋承接三国之鼎足，实现天下之一统，可谓不朽之盛事、百年之功勋。然而晋武帝统治中后期，国家无事，文恬武嬉，全国上下都沉浸在骄奢无度的氛围之中。正是这种奢靡的世风，最终也导致了政治风气的日益败坏！《晋书》皇皇，篇帼横阔，卷帙浩繁。如果想深入挖掘他们的生活细节，可以从鲜活记述魏晋士人风貌的《世说新语》下手，可更容易从其中窥见晋朝贵族公卿们豪阔的生活。《世说新语》一书，集有《汰侈》十二则，专讲晋武帝手下大臣们纸醉金迷、竞相斗富的荒唐生活，诸如石崇宴客杀美人劝酒，诸如晋武帝舅舅王济用人奶饲养供厨的乳猪，诸如石崇和王恺无休无止的斗富比阔，成为千古穷奢极欲的典型……“侈汰之害，甚于天灾。”如此荒谬绝伦的“豪奢”，恰似超级大款们以美钞点香烟，完全是一种没有任何意义、只求扭曲快感的变态浪费！由于晋武帝自己就是顶尖级好色之徒，大臣们也多欲无耻，加之当时纵欲主义流行，使得整个西晋社会从上到下处于糜烂放纵的大气氛之下。西晋短暂而亡，不能说与彼时全国上下上行下效的奢靡之风没有关系。一个王朝一个政权以骄奢淫逸为主旨，先百姓之乐而乐、后百姓之忧而忧，不求民心之主，不图公序良俗，为政者图自身感官之娱，民心散乱，世风日下，岂能不亡？

因此，习近平说："如果一个民族、一个国家没有共同的核心价值观，莫衷一是，行无依归，那这个民族、这个国家就无法前进。这样的情形，在我国历史上，在当今世界上，都屡见不鲜。"这是从反面的角度说的。

习近平还说："我国是一个有着 13 亿多人口、56 个民族的大国，确立反映全国各族人民共同认同的价值观'最大公约数'，使全体人民同心同德、团结奋进，关乎国家前途命运，关乎人民幸福安康。"这是从正面的角度说的。

判断一个社会是否良性健康运转，一个重要的衡量指标，就是看是否给道义机制留出了足够大的调节空间。也就是说，越是在思想文化领域，利益机制和暴力机制发挥的作用越小，而道义发挥的作用越大。甚至在某些高端的精神文化领域，有且只有道义机制在发挥作用。

从一些社会现象看，当前中国也确实需要核心价值观的规范和引领。

比如，"黄赌毒"本应该是大家都深恶痛绝的事情，但是

2014年央视对东莞色情业情况的报道，并没有出现被认为应该出现的舆论“一边倒”的同声谴责的局面，甚至出现了不少对立性的舆论，对东莞色情涉事当事人表现出了极大的同情和宽容。这是需要深刻反思的。

再比如，郭美美这样一个通过傍大款而获得金钱和名气的女孩子，本该成为大家鄙夷斥责的对象，但是事实上，许多女孩子对郭美美的“事迹”抱有一种羡慕的态度和效仿的心态，认为郭美美至少在她能力许可的范围内做到了成功，这种成功具有相当的励志作用。这就需要更加深刻反思了。

更加需要深刻反思的是2014年1月14日，习近平在十八届中央纪委三次全会上的讲话：“党内决不能搞封建依附那一套，决不能搞小山头、小圈子、小团伙那一套，决不能搞门客、门宦、门附那一套，搞这种东西总有一天会出事！有的案件一查处就是一串人，拔出萝卜带出泥，其中一个重要原因就是形成了事实上的人身依附关系。在党内，所有党员都应该平等相待，都应该平等享有一切应该享有的权利、履行一切应该履行的义务。”从核心价值观所倡导的“自由、平等、公正、法治”的角度看，习近平所斥责的这些现象都是违反核心价值观精神的。反过来，这样也说明，共产党员迫切需要通过核心价值观引领自己的精神世界。

克服体制内这种封建主义现象的良药，就是倡导社会主义核心价值观所包含的“自由、平等、公正、法治”等理念，鼓励每一个为官从政的人都塑造自己的“独立人格”。所谓独立人格，就是人的独立性、自主性和创造性。塑造自己的独立人格，就是要维护自己的独立性，增强自己的自主性，展示自己的创造性。

马克思指出，改变一种传统习惯，往往比推翻几个政权还难。

如果我们为了经济进步和财富扩张，仍然继续将我们的主要精力放在自然科学方面的话，罪恶也必然会随之增长。我们应该清楚地认识到这个事实：少数人的财富、知识和文化并不能组成文明，也不能推进我们向完美的社会状态发展。

这是著名博物学家华莱士的观点。他批评的首先是大英帝国的科学和文明，也适用于对西方、对整个当代社会的批判。

生在这个时代，未必属于这个时代，未必拥有这个时代。原因在什么地方呢？生在这个时代，如果从内心、价值理念、行为规范上跟这个时代不合拍，够不上这个时代的要求，那么，你也不是这个时代的人。所以，生在这个时代，未必属于这个时代。

西汉名儒董仲舒的人生经历最有说服力，“三年不窥园”的典故为他后来成为有汉一朝儒学思想之集大成者的一个有力注脚。董仲舒天资聪颖，少年时酷爱学习，读起书来常常忘记吃饭和睡觉。其父董太公看在眼里急在心上，他决定在宅后修筑一个花园，让孩子能有机会到花园散散心、歇歇脑子。第一年，董太公一边派人到南方学习，看人家的花园是怎样建的，一边准备砖瓦木料。头一年动工，园里就阳光明媚、绿草如茵、鸟语花香、蜂飞蝶舞。姐姐多次邀请董仲舒到园中玩。他手捧竹简，只是摇头，继续看竹简，学孔子的《春秋》，背先生布置的诗经。第二年，小花园建起了假山。邻居、亲戚的孩子纷纷爬到假山上玩。小伙伴们叫他，他动也不动低着头，在竹简上刻写诗文。第三年，后花园建成了。亲戚朋友携儿带女前来观看，都夸董家花园建得精致。父母叫仲舒去玩，他只是点点头，仍埋头学习。中秋节晚上，董仲舒全家在花园中边吃月饼边赏月，可就是不见董仲舒的踪影。原来董仲舒趁家人赏月之机，又找先生研讨诗文去了。随着年龄的增长，董仲舒的求知欲愈益强烈，遍读了儒家、道家、阴阳家、法家等各家书籍，全面指出“春秋大一统者，天地之常经，古今之通谊也。今师异道，人异论，百家殊方，指意不同，是以上亡以持一统；法制数变，下不知所守。臣愚以为诸不在六艺之科、孔子之术者，皆绝其道，勿使并进，邪辟之说灭息，然后统纪可一，而法度可明，民知所从矣"[①]。这就是后来成为汉朝官方主导意识形态的大一统思想，也就是著名的"罢黜百家、独尊儒术"，董仲舒本人也因此在内心、价值理念、行为规范上紧跟并超越所处的时代，成为儒学大师。

古人如此，今人亦然。要属于这个时代，必须拥抱这个时代，必须捕捉这个时代最鲜活的文化和思想理念，从而让自己成为一个现代人。

核心价值观就是时代精神风貌最先进、最集中的代表。

价值观念领域的乱象明显而直接地表现于文学艺术领域。习近平在文艺座谈会上对此进行了严肃批评。比如，他说：在文艺创作方面，也存在着有数量缺质量、有"高原"缺"高峰"的现象，存在着抄袭模仿、千篇一律的问题，存在着机械化生产、快餐式消费的问题。迷失方向的文学艺术，如卢梭所言，

① 《汉书·传·董仲舒传》。

“随着我们的科学和艺术的日趋完美，我们的心灵便日益腐败”[①]。过去一段时间里，在我们的文学艺术作品中，不论是传统写作，还是影视剧作品等，总有一种不能满足广大人民群众之所需的感觉，总有一种脱离广大人民群众之所求的倾向。形形色色的拜金的娱乐节目、感官享受的一时欢愉、不接地气的期期艾艾，不敢想象——像“宁可在宝马车里哭，也不愿在自行车上笑”的这种“拜金宣言”，居然可以明目张胆地通过官方的媒体渠道播送出来……这一类现象明显背离了时代和社会的要求，因此这种极不正常的、透露着金钱气息的文艺生态格局的终结必然是迟早的事情，因为这些无不与我们主流的核心价值观存在着严重的偏差。

从根源上说，这些偏差源于社会的变化：

一是人民群众的阶层结构出现新变化。随着改革开放和市场经济不断深入发展，人民群众由于经济地位、政治地位和社会地位以及价值观念等方面的不同，形成了若干不同层次的群体。不同社会群体从市场经济中得到的利益的差异、获取利益的途径与方式的差异以及地域经济发展的差异，使得利益发展

---

① 卢梭：《论科学与艺术的复兴是否有助于使风俗日趋纯朴》，商务印书馆 2011 年版，第 14 页。

在多种利益分配方式下呈现出利益结构复杂化、利益差距扩大化、利益冲突明显化的态势。不仅不同的阶层有不同的利益，而且各阶层的身份认同感在逐步出现，不同阶层的心理和情感隔阂在加剧，如弱势群体的“仇富心理”等。各阶层利益有开始固化的趋势，这种固化使得人民内部矛盾尖锐化，群体性事件时有发生。

二是人民群众的交往交流方式出现新变化。一方面，信息化的发展，特别是网络技术的进步使得信息可以方便地获取和迅即地传播。在网络中，空间消失了，边界不复存在了，地位、身份、层级不再具有实际意义，无论是最高决策者还是社会普通群众，都可以无障碍地出现在同一个平台上，这大大激发了群众参与和表达的热情。

这种广泛参与可以在短时间内使得群众通过网络寻找志同道合的赞同者与支持者，形成看似虚拟但又实实在在的组织与团体，对现实社会产生影响。

三是人民群众价值观念出现新变化。当代中国正处在社会转型时期，社会结构正发生着巨大的变化，这种巨大变化使得人们的思想观念和价值体系受到了巨大的影响和冲击，导致了各种不同的价值取向并存，这是社会历史的进步和观念的更新。

但是，在社会转型过程中，也同时产生了社会价值的失范，给人们价值观的统合和社会的发展带来了负面影响。拜金主义、享乐主义、极端个人主义的盛行，社会丑恶现象的沉渣泛起，这些不仅意味着不同价值观念的冲突与碰撞，甚至会带来整个社会价值体系的混乱和行为的失范，引发各种社会矛盾。

当前的种种乱象说明，如果一个社会的价值观念领域系统性地出了问题，大家不知道什么是美的，什么是丑的，不知道什么是善，什么是恶，不知道什么是好的，什么是不好的，出现这种现象，这个社会是难以负重前行的。

道义机制怎样发挥作用，《聊斋志异·李司鉴》所载故事，可以启发我们：

李司鉴，永年举人也。于康熙四年九月二十八日，打死其妻李氏。地方报广平，行永年查审。司鉴在府前，忽于肉架上夺一屠刀，奔入城隍庙，登戏台上，对神而跪。自言："神责我不当听信奸人，在乡党颠倒是非，着我割耳。"遂将左耳割落，抛台下。又言："神责我不应骗人钱财，着我剁指。"遂将左指剁去。又言："神责我不当奸淫妇女，使我割肾。"遂自阉，昏迷僵仆。

时总督朱云门题参革褫究拟，已奉谕旨，而司鉴已伏冥诛矣。

这个故事里面，恐怕不是冥诛，而是强大的道义机制发挥了作用。

人既要活着，还要活好，既要安全地活，还要幸福地活，要活得有特色，有意义，有滋味，有底气，有道理。只有借助核心价值观，这个境地才能达到。

现在大家都很注重提升自己的气色。比气色更重要的是什么？气质；比气质更重要的是什么？气场。人的气场从吃穿打扮来的吗？当然不是，是修炼来的。我们经常说“气场”，气场看不见，摸不着，但是能够感受得到。那么气场是什么？是人的文化涵养和价值素养的外在体现。

孔子“温而厉，威而不猛，恭而安”，气场相当强大。

一个国家要有核心价值观，这是重要的精神支撑。一个社会要有核心价值观，这是社会精神风貌的重要体现。一个人也要有核心价值观，这是气场和气质的重要源泉。

习近平说：一个民族、一个国家，必须知道自己是谁，是从哪里来的，要到哪里去。想明白了，想对了，就要坚定不移朝着目标前进。

在核心价值观问题上，必须如此。

所谓社会主义核心价值观，就是与社会主义市场经济相匹配的、与社会主义民主政治相协调的、与社会主义先进文化相契合的思想理念、伦理道德和精神气质，是从这三个方面里生长出来的、深深植根于其中的。

但同时，我们所要倡导和培育的社会主义核心价值观，又反过来对社会主义市场经济、民主政治、先进文化起着重要的引领提升作用。也就是说，在这三个方面的成长和发展中，社会主义核心价值观起着至关重要的建构作用。

治心的学问
核心价值观六讲

ZHI XIN DE XUE WEN
HE XIN JIA ZHI GUAN LIU JIANG

第二讲

人的生命本质的追寻

怎样认知核心价值观

第一节　在人的头脑中改造过的物质的东西

有这样一则寓言故事：

蝙蝠在捕捉蚊子的时候，先发出超声波，超声波很快将蚊子的位置锁定，这样，即使在漆黑的夜晚，蝙蝠捉起蚊子来也是十拿九稳，很少失误。蚊子们知道，想要战胜强大的蝙蝠是根本不可能的，生存下去的唯一办法，就是使自己的飞行动作更复杂一些，飞行技巧更娴熟一些。为了生存，蚊子们都学会了上上下上、忽左忽右地飞，或者绕着圈子飞。有一只蚊子却不这样，他会在感受到蝙蝠临近的那一刹那，突然收缩翅膀，使自己像粒尘埃一样跌落到地上，让蝙蝠失去追踪的目标。他用这种方式一次又一次逃脱了蝙蝠的追击。看到同伴一个接一个落入了蝙蝠的口中，有只蚊子问这只幸存的蚊子："和你同时出生的蚊子几乎全部丧生了，你为什么还能够活着?"这只蚊子回答："因为我没有随大流。"

只有形成自己的价值判断，才能富有个人的主见，才能走得坚定而长久，才能避免人云亦云、不知所终。

从终极的意义上看，核心价值观是一个对人的生命本质追寻的高深理论问题；从宏观的角度看，核心价值观是一个在认识领域进行科学管理的治国理政问题；从日常的生活看，核心价值观是一个对人的行为规范引导的社会实践问题。

核心价值观对一个国家、一个社会、一个人在精神和思想层面起到非常重要的支撑作用。

比如《易经》被称为"群经之首"，它所倡导的价值观念，对于中华民族就起到了非常重要的支撑作用。

乾卦第一：《象》曰：天行健，君子以自强不息。（天道刚健，运行不已。君子取法于天，自强不息。）

坤卦第二：《象》曰：地势坤，君子以厚德载物。（大地舒展，顺承天道。君子取法于地，厚德载物。）

既济卦第六十三：《象》曰：水在火上，既济；君子以思患而预防之。[《既济卦》的卦象是离（火）下坎（水）上，为水在火上之表象，比喻用火煮食物，食物已熟，象征事情已经成功。君子应有远大的目光，在事情成功之后，就要考虑将来可能出现的种种弊端，防患于未然，采取预防措施。]

未济卦第六十四：《象》曰：火在水上，未济。君子以慎辨物居方。（《象辞》说：本卦上卦为离，离为火；下卦为坎，坎为水。火在水上，水不能克火，是未济卦的卦象。君子观此卦象，有感于水火错位不能相克，从而以谨慎的态度辨别事物的性质，审视其方位。）

仰观天，俯察地，近取诸身，远取诸物，形成了一种悠久不息的民族精神，使得中华民族称其为、成其为中华民族。

《管子·牧民》中说："国有四维，一维绝则倾，二维绝则危，三维绝则覆，四维绝则灭……何谓四维，一曰礼，二曰义，三曰廉，四曰耻。礼不逾节，义不自进，廉不蔽恶，耻不从枉。故不逾节则上位安；不自进则民无巧诈；不蔽恶则行自全；不从枉则邪事不生。"[1] 因此，核心价值观既可以安邦定国，又可

① 《管子·牧民》。

以安身立命，还可以安放内心。

要把握核心价值观，首先得从价值讲起。

什么是价值？词义的解释很简单：价值就是客体对于主体的有用性和积极意义，以及主体对于客体的这种有用性和积极意义的认知与评价。也就是说，价值是一个关系范畴；只有在主体与客体的关系领域中，价值才能够存在。

马克思说："'价值'这个普遍的概念是从人们对待满足他们需要的外在物的关系中产生的，因而这也是'价值'的种概念。"①

价值是一个必须在一个关系结构中才能谈到的概念，如果没有主体，只有客体，还不存在价值问题，所以价值是一个关系指向的概念，它既包含事物的一些客观属性，同时也包含我们主观的评价和认知。

价值还是一个积极的、正面的、肯定性的范畴。

什么是价值观？价值观就是人们对于客体的有用性和积极意义的抽象化、稳定化、系统化。芳香的花比恶臭的花更能引发人们美的愉悦和感受，因而就可以从中抽象出香与臭。同理，

① 《马克思恩格斯全集》第19卷，人民出版社1963年版，第406页。

与不公正的社会状态相比，公正的状态更能使得人民幸福快乐地生活，因而就可以从中抽象出不公正与公正，等等。

什么是核心价值观？价值观是多种多样的，字典里面的好词汇多得是。如果把所有的好词汇都摆放出来，人们就会无所适从，因此，对于价值观就有一个遴选的问题。要把那些好的、合适的、符合当前和未来发展需要的价值观选择出来，并使之系统化、整体化、配套化、融合化，作为一个社会最应当遵循和追求的内容，这就产生了核心价值观。

核心价值观就是一个人、团体、社会或国家所拥有的、独特的、不可替代的、最基本持久的价值观。

马克思说："观念的东西不外是移入人的头脑并在人的头脑中改造过的物质的东西而已。"①

法国思想家昂利·列斐伏尔指出："日常生活与一切活动关系密切，它涵盖了有差异和冲突的一切活动；它是这些活动汇聚的场所，是其关联和共同的基础。正是在日常生活中才存在着塑造人类——亦即人的整个关系……也正是在日常生活中，

① 杜润翰：《马克思主义关于思想政治工作的论述》，天津人民出版社 1988 年版，第 22 页。

那些影响现实总体性的关系才得以表现和得以实现。”①

李德顺教授提出，要“寻找像种子一样的价值观”，然后考察种子是如何发芽、成长、抽枝、分叉，最后成为价值观的大树。

这些对于我们理解核心价值观的培育和提倡具有重要启示。

因此，提炼核心价值观并不是进行园艺工作，它不仅仅是精心组合摆放的结果。它的提炼，应当是基于现实要求，回应现实要求，同时又在一定程度上高于现实要求，在此基础上精心合理凝练的结果。

好的核心价值观一定是生长出来的，而不是强加进去的。强加进去的核心价值观，难免水土不服，既毁了接受者，同时也毁了价值观本身。在这方面，中国有不少惨痛的教训。

因此，培育和践行核心价值观，既不能采用强加的方法，也不能置之不顾，而是需要非常高明的政治治理科学和社会治理艺术，循序渐进，在提炼中建构，在建构中提炼，最后让核心价值观顺顺利利生长出来。

---

① 转引自杨茜：《在群众日常生活中融入社会主义核心价值观》，《理论视野》，2015年第11期。

培育核心价值观的基础和关键，不在于把好的词汇找出来，列举出来，而在于借用这些语词构建一套主流性的话语体系，并借助于这套话语体系，结合时代所面临的问题，有针对性地进行支持、肯定、批驳、反对。这个发挥建构与解构作用的过程，才是核心价值观生成的过程，也是它的最大意义所在。

第二节　人的尊严和价值不能随便被某个标准来定义

习近平指出：在当代中国，我们的民族、我们的国家应该坚守什么样的核心价值观，这个问题，是一个理论问题，也是一个实践问题。

人类的认知系统，大体上可以划分为三大系统：知识系统、价值系统和审美系统，分别教人求真、向善、臻美。

知识系统主要指的是以自然科学、社会科学为代表的系统。这个系统的主要作用，是解决人类认识的真假问题。真的知识，能够使卫星上天，使潜艇入海，使人类更好地认识和把握自然与人类社会的运行规律。假的知识则相反。

审美系统主要指的是以文学艺术作品为代表的系统。这个系统的主要作用，是解决人类认识的美丑问题。美的作品，能够给人以情感的愉悦、精神的享受，使人类更好地提高生活品质。丑的作品则相反。

价值系统主要指的是以伦理道德、宗教等为代表的系统。这个系统的主要作用，是解决人类认识的善恶问题。善的知识，能够引导人对社会事务和社会现象做出正当的判断，做出正当的、适宜的行为，使人成为一个优良的、完善的人。恶的知识则相反。

《圣经·创世记》记载，耶和华神所造的，唯有蛇比田野一切的活物更狡猾。蛇对女人说："神岂是真说不许你们吃园中所有树上的果子吗?"女人对蛇说："园中树上的果子我们可以吃，唯有园当中那棵树上的果子，神曾说，你们不可吃，也不可摸，免得你们死。"蛇对女人说："你们不一定死，因为神知道，你们吃的日子，眼睛就明亮了，你们便如神一样能知道善恶。"于是女人见那棵树上的果子好做食物，也悦人的眼目，且是受人喜爱的，能使人有智慧，就摘下果子来吃了。又给她丈夫，她丈夫也吃了。他们二人的眼睛就明亮了，才知道自己是赤身露体，便拿无花果树的叶子为自己编织裙子。

这个故事的深意在于，明辨善恶的道德知识对于人类的诞生，起到了何等重要的作用。

可以看出，价值系统一头连着知识系统，一头连着审美系统，在人类的认知系统中起着至关重要的作用。知识系统如果离开了核心价值的支撑，最优秀的科学家可以为希特勒制造出最先进的导弹；同样，审美系统如果离开了核心价值的支撑，文学艺术作品就会成为赤裸裸地、极致地满足人的感官体验的消费品，危害甚至超过海洛因、冰毒。

《资治通鉴·汉纪九》记载了董仲舒的一段话："道者，所繇适于治之路也，仁、义、礼、乐，皆其具也。""夫乐而不乱，复而不厌者，谓之道。道者，万世亡敝；敝者，道之失也。"

没有价值观的引导，人不知道自己该提倡什么，反对什么。

2013年，国内某著名小品演员在美国演出失败，很令人深思。当地有人这样评价他："一讽刺残疾人，二讽刺肥胖者，三讽刺精神病患，把自己的欢乐建立在别人的痛苦之上，这种人很无耻。美国脱口秀主持人个个伶牙俐齿，但是借一百个胆子，他们也不敢嘲笑残疾人、肥胖者。"

我们的核心价值观倡导的"文明"，一定是包含着得体的、优雅的要求，是与野蛮相对的，是与貌似有文化实则不文明相对的。那种与现代文明的规则和要求背道而驰的内容，一定会遭到摒弃。

美国是一个非常崇尚商业、崇尚金钱的国家。但是，美国人对金钱的态度，其实是两重的。第一，金钱很重要。他们有句话叫：Money talks. 金钱是具有发言权的，没有钱就没有发言权。但是另外一句话讲得也很有道理：Money is a good servant，but a bad master. 钱是一个好的仆人，但，又是一个坏的主人。如果让金钱支配了你，金钱就一定是个坏的主人，但如果你支配金钱，它就是一个很好的仆人。这里面透露出了一种什么样的价值观念？那就是一种现代观念，就是对我们的金钱至上观的一种校正，或说是一种补救。钱很重要，但是绝对不能让它重要到左右你这个人，应该是你去左右金钱，而不是让金钱左右你。从这种对财富的态度上，你就可以看出核心价值观有多重要：没有这样一种价值观念，大家都是信奉金钱至上，信奉金钱可以买到、搞定一切，那么，这个社会已经离混乱很近了，社会秩序已经乱到了无可救药的程度。

《聊斋志异·宫梦弼》的故事结尾，异史氏（蒲松龄）补充了一个故事：

乡有富者，居积取盈，搜算入骨。窖镪数百，惟恐人知，故衣败絮、啖糠秕以示贫。亲友偶来，亦曾无作鸡黍之事。或言其家不贫，便瞋目作怒，其仇如不共戴天。暮年，日餐榆屑一升，臂上皮摺垂一寸长，而所窖终不肯发。后渐尪羸。濒死，两子环问之，犹未遽告；迨觉果危急，欲告子，子至，已舌蹇不能声，惟爬抓心头，呵呵而已。死后，子孙不能具棺木，遂藁葬焉。呜呼！若窖金而以为富，则大帑数千万，何不可指为我有哉？愚已！

这个故事对于树立正确的财富观，具有重要借鉴意义。

价值系统和审美系统的关系，对我们认识和分析文艺领域的诸多乱象有直接的帮助作用。

现在屏幕上，还有日常生活中，为什么会出现很多美丑混淆、美丑不分，甚至以丑为美的现象呢？包括有些姑娘讲：宁愿坐在宝马车里哭，也不愿意坐在自行车上笑。为什么会这样呢？因为她们的审美系统缺乏一个强有力的、有思想文化的价值观念作支撑。有了这个支撑之后，你的美与丑才有一种崇高性在里面，否则的话就变成我们经常说的三俗：低俗、庸俗、媚俗，甚至还可以再加一个：恶俗。

比如，娱乐取代快乐，欲望取代希望，低俗取代通俗，成为当代中国文艺领域的一个极为严重的问题。对于感官体验和当下的即时性感受的追逐，是电影、电视、各种文艺节目的通病。这是美吗？这不是美，它只不过是我们感官体验的一种当下性的迎合。无原则的迎合，无节制的刺激，无限度的满足，构成了所谓的文化娱乐的“主旋律”。文艺作品竞相攀比的，是看谁的噱头大，谁的槽点多，谁的逼格高，这难道就是所谓的文化大发展大繁荣？

中国某些影片倒是将美学和伦理的丑陋拿来炫耀，比如，利用粉丝情结，魅化“高富帅”“白富美”的偶像魅力，毫不掩饰地激发某些观众大做“婚姻改变人生”的白日梦；或者把女性肆无忌惮地“小三化”“污名化”，强化大众对于女性的扭曲的窥视欲；还有的影片不加节制地渲染对财富、地位、权力的向往，诱致观众的物质追求欲望，这是令人所不能容忍的。

其实，电影《我的少女时代》中有个颇具启示的说法：无论成功或失败，人的尊严和价值，都不能随便被其他人以某个标准来定义。从这个逻辑出发，去创造一个更少差别、更多尊严的社会，平凡才不至于成为社会焦虑。

包括很多建筑也是这样，它所追求的只是让人容易记住就行了，没有考虑到底是美的还是丑的，所以就出现了很多正如习近平所犀利指出的那样的“奇奇怪怪的建筑”，这就是很大的问题。所以，价值系统在人类的认知系统中起着一个支撑作用。没有这样一个价值系统，你对于知识系统的追逐是没有方向感的；没有价值系统的支撑，审美就变成了一种完全个人化的感官的满足和体验，没有任何的文化含量。

“文化产品所具有的消费外部效应，使得文化企业与一般企业比起来，要承担天然的社会责任和价值理想。消费者在消费文化产品的过程中其实是两种角色：既是消费者又是被教化者。文化企业既要按‘顾客就是上帝’的服务心态对待消费者，同时又要促进消费者文化素养的提升。消费者购买文化产品进行文化消费的过程，既是一个满足的过程，又是一个学习的过程。因此，如果文化企业没有一定的文化理想、文化素养和文化责任的经营理念，只是一味迎合社会大众低俗庸俗的心理需要，这个文化企业很难基业长青。”①

针对文化艺术领域的一些乱象，王蒙明白真切地指出：“卖得最多的一定是好的吗？不一定。点击率和受到时人夸赞也不能一概而论。我们要有一套理论与价值标准，要有对于真正好作品的体贴与把握，热情与信心，要取法乎上，攀登精神生活的高峰，不能任由那些准广告式炒作与跟风套话式的所谓评论

---

① 向勇：《创意融合：中国文化产业的发展趋势与新常态》，《艺术评论》，2015 年第 5 期。

大行其道。”①

习近平指出，人类文艺发展史表明，急功近利，竭泽而渔，粗制滥造，不仅是对文艺的一种伤害，也是对社会精神生活的一种伤害。低俗不是通俗，欲望不代表希望，单纯感官娱乐不等于精神快乐。

当然反过来说，价值系统也离不开知识系统与审美系统的支持。就知识系统对价值系统的支持作用来说，真正教人崇德向善的价值观，必须坚实地立基于真正的科学知识之上。真正的科学知识，就是那些能够让人深刻洞察自然与人类社会发展变化规律的知识。只有在这种知识的帮助下，道德系统才不至于一般性地、空洞地、形而上地提倡或反对什么东西。它的提倡、反对以及提倡和反对的方式方法、因由路径，才是有现实针对性的，才是具有问题意识的，才是可以真正赢得支持的。否则，用那些神神鬼鬼、魔魔怔怔的方法来对人进行道德灌输，短期行、长期不行，少数人行、多数人不行，读书少的行、读书多的不行。

就审美系统对价值系统的支持作用来说，真正教人崇德向

---

① 王蒙：《文艺不能单纯娱乐化》，《人民日报》2016 年 05 月 11 日。

善的价值观，必须借助于能够让人体会到美、崇高、震撼、感动的情感体验，才能有效地抵达人的内心和灵魂深处。核心价值观是盐，必须有菜配；核心价值观是骨头，必须有肉来包裹。单纯地让人吃盐，啃骨头，难以下咽。菜和肉是什么？就是文化、文艺、文学，就是那些能够唤起人的感官体验并让人沉浸于其中的东西。

如果“常人怎样享乐，我们就怎样享乐；常人对文艺怎样阅读判断，我们就怎样阅读判断；常人对什么东西愤怒，我们也就对什么东西愤怒”[①]，如此，价值学家作用何在？

离开了价值观的支撑，所谓审美，就是对感官的刺激与再刺激、满足与再满足。这种刺激，本质上是一种伤害；这种满足，本质上是一种填塞。

比如，同样是表达情爱，有价值观牵引和没有价值观牵引的区别在什么地方呢？

① 黄颂杰：《自由与沉沦——存在主义自由观之原形与评析》，《探索与争鸣》，1991年第6期。转引自叶启绩、林滨、程金生等：《20世纪西方人生哲学》，人民出版社2006年版，第114页。

黄小琥·《我要你的爱》

我我要我要你我要你的
我要你的爱你为什么不走过来
我我要我要你我要你的
我要你的爱你为什么不说出来

《诗经·子衿》

青青子衿，悠悠我心。纵我不往，子宁不嗣音？
青青子佩，悠悠我思。纵我不往，子宁不来？
挑兮达兮，在城阙兮。一日不见，如三月兮。

火风·《抱一抱》

妹妹她不说话只看着我来笑啊
我知道她等我来抱一抱
抱一抱那个抱一抱
抱着那个月亮它笑弯了腰
抱一抱那个抱一抱
抱着我那妹妹呀上花轿

《诗经·关雎》

关关雎鸠，在河之洲。窈窕淑女，君子好逑。
参差荇菜，左右流之。窈窕淑女，寤寐求之。
求之不得，寤寐思服。悠哉悠哉，辗转反侧。
参差荇菜，左右采之。窈窕淑女，琴瑟友之。
参差荇菜，左右芼之。窈窕淑女，钟鼓乐之。

离开核心价值观的引导，我们不知道什么是美、怎样欣赏美。而由于不知道什么是美、怎样欣赏美，我们也不知道发现自身的美，展现自身的美，各种卖萌、任性、怪异、另类等现象就冒出来了。

所以习近平说，人类社会发展的历史表明，对一个民族、一个国家来说，最持久、最深层的力量是全社会共同认可的核心价值观。核心价值观，承载着一个民族、一个国家的精神追求，体现着一个社会评判是非曲直的价值标准。这确实是很有见地的。

价值系统和知识系统的关系，对于我们认识和分析到底如何倡导和培育核心价值观具有直接的帮助作用。

当前倡导和培育核心价值观容易陷入的一个误区，就是把价值系统的道德知识当作知识系统的学科知识来灌输。而实际上，两者之间具有截然不同的属性。人们对于学科知识，是可以通过背诵、记忆乃至灌输的方式获得的，这也是掌握学科知识的基本方式。

但是，人们对于道德知识的接受，具有截然不同的方式。对于道德知识，人们主要是通过领悟、体验、浸染等非常主观化的方式所获得的，这其中夹杂着大量的心理、情感乃至情绪性的因素。如果不考虑这样一个复杂的机理，把道德知识当作学科知识来灌输，就会出现视而不见，听而不闻，无动于衷，甚至厌恶反感的尴尬局面。

比如，教孩子记住一个方程式，不出 5 遍，孩子肯定就记住了。但是，教育孩子要做一个好人，说上 1000 遍，可能也没有什么效果。一些教师和家长常常认为，只要把道德知识传递给了学生，学生就应当而且能够按照要求去做。而实际的情况是，如果不考虑这样一个复杂的机理，这种做法难免沦为道德说教。这种道德说教如果与青春期的逆反等碰撞在一起，就会导致严重的后果，削弱道德知识的吸引力、感染力和亲和力。

人吃五谷杂粮，受四时寒温，难免会患上各种疾病。生命的历程，就是人的免疫力与各种疾病不断做斗争的过程。同样，人有七情六欲，受五伦纠葛，难免会有思想和心理上的各种波动。生命的历程，同样也是人精神上的正能量与各种负能量不断对抗的过程。

正如再好的药也不可能一次性消灭人体的各种致病因素一样，我们不能幻想核心价值观能一次性地解决人思想上、精神上的各种问题。人永远无法摆脱疾病，也永远无法摆脱七情六欲。因此，在当今的互联网时代，对于核心价值观的正确态度，应当超越过去一切时代提倡的那种禁欲模式。其原因并不简单地是因为“欲不可禁”，而是因为，现时代应当有更好的、超越禁欲模式之上的方法。弗洛伊德说“艺术是欲望的升华”，从这个观点借取灵感，我们也可以说，替代禁欲模式的好的方法，就是升华欲望。或许可以把这种模式称为升华模式。当今时代培育和践行社会主义核心价值观的重要方法 就是积极探索、不断创新有效的能够升华欲望的模式。人人都不希望自己的欲望被禁锢，但人人都渴望自己的欲望得到升华。人的欲望有多强烈，人升华欲望的欲望就有多强烈。

第三节　走得太急以至于忘了要去哪里

价值观内部也是可以分类的。按照客体对于主体的有用性和积极意义的展现过程，可把价值观划分为价值原则、价值规范和价值理想。

价值原则是出发原点，体现的是诸如集体、公正、人本这样一些观念；价值规范是基本遵循，体现的是诸如爱国、敬业、诚信、友善这样一些观念；价值理想是追求目标，体现的是诸如人的自由而全面的发展、人的全面发展和社会的全面进步这样的一些观念。

价值原则强调的是起点，价值规范强调的是过程，价值理想强调的是努力方向，这就构成了价值观的一个基本框架。

核心价值观也具有这样的框架，或者说，核心价值观所展示出来的，仅仅是价值规范的内容。

作为一套价值规范，核心价值观的价值原则包括集体主义、发展主义、以人为本等标准，而它的价值理想，则是社会主义、共产主义、人的自由而全面的发展等这样一套基本愿景。

正是由于价值观不是一个单纯的价值规范问题，因此我们可以发现现实中培育和倡导价值观容易犯的一些错误。

其中一个非常明显的错误，就是把价值观简单化为价值规范，认为它仅仅是规约人们应当做什么、不应当做什么，应当怎样做、不应当怎样做，从而忽视了它的出发原点和追求目标。

比如：过于强调公民应当热爱祖国，而忘记了公民为什么要热爱祖国，热爱祖国是为了什么；过于强调公民应当爱岗敬业，而忘记了公民为什么要爱岗敬业，爱岗敬业是为了什么等。套用一句话说：我们走得太远，以至于忘记了为什么出发；我们走得太急，以至于忘记了要去哪里。

在任何时候，都不能脱离价值原则和价值理想来空谈价值规范。这是因为，价值原则从根本上决定着价值规范的动因，如果过于强调价值规范而影响或伤害到价值原则的贯彻，那么这样的价值规范就违背了其初衷。同样，价值理想从方向上决定着价值规范实现的实效，如果过于强调价值规范而影响或妨碍到价值理想的实现，那么这样的价值规范就会让人大失所望。

只有在正确处理好与价值原则、价值理想关系的基础上，作为价值规范的核心价值观才能正确发挥作用。

核心价值观具有什么样的作用呢？

至少有以下三种功能：一是约束功能，就是告诉你一种尺度和标准，比如什么是好的、什么是不好的，什么是恶的、什么是善的。二是调节功能，使人正确地认识和处理人与自我、人与人、人与社会、人与自然的关系。三是驱动功能，就是激发你自己内在的创造性，激发你的能动性，推动你去追逐自己，实现如马斯洛所说的人生的巅峰体现。所以核心价值观非常重要，没有这样一种定向功能、规范功能和驱动功能，人就不知道怎么活。

俄国教育家乌申斯基指出，良好的习惯是人在某种神经系统中存放的道德资本。这个资本不断升值，而人在其整个一生中享受着它的利息。[①] 最初，为了优秀，我们培养良好的习惯；后来，优秀就成了我们的习惯；最终，我们就习惯了优秀。优秀道德生长的过程，大体如此。

---

① 杨茜：《在群众日常生活中融入社会主义核心价值观》，《理论视野》，2015 年第 11 期。

第四节 人是什么以及他在宇宙中占有什么地位

舍勒在其最后的著作《人在宇宙中的地位》(1928)中坦率直言:“从我的哲学意识第一次觉醒的时刻起,‘人是什么以及他在宇宙中占有什么地位’这个问题,就比其他任何哲学问题,在我心中占有更深刻的、更为中心的位置。”[①] 这是一个顶重要的问题。

核心价值观的任务是什么?答案是满足四个方面的需求:

一是道德认知的需求。就是要给你一个参照体系,告诉你什么是好的、什么是坏的,什么是善的、什么是恶的。如果没有这个参照系,或者这个参照系比较紊乱,你说这个是好的,他说那个是好的,而这二者之间有可能是明显对立的,那么到底谁说的是好的呢?一个人或者是一个小团体,可以多元化一点,但作为一个国家、社会,在这方面,基本的、大的参照系

① 叶启绩、林滨、程金生等:《20世纪西方人生哲学》,人民出版社2006年版,第114页。

应该只有一个，这是一个认知的问题。

参照系越多样、越破碎，这个社会就越混乱，所以参照系要简洁、明了、有力。

二是精神生活需求。它要满足你一些心理思维活动的需要。我们以前提供的很多东西，为什么感觉离老百姓比较远？就是因为它仅仅注重提供一种道德认知，没有注重提供精神需求。比如在“样板戏”中，所有人没有自己的私生活，或者说几乎没有个人感情、个人物质、个人生活上的需求，他就是一个很典型或者是很极端的革命者。这样的话，他就是比较单一化的一种框架，不够丰富、圆满。所谓高、大、全，他所有的方面都是完美的，但是放到改革开放已经过了近 40 年的今天，我们更加认可一个人是具有多面性的。

一些心理学个案揭示，一个人可以有魔鬼和天使两种身份。比如他工作期间非常勤奋、智慧、儒雅，但是，在心理层面，他有些变态，这两面性却又统一到一个人身上。怎么理解？如果按照我们原来的框架，这肯定是一个很卑鄙的人。但问题是随着现代社会节奏的加快，人需要面对、适应或改变的情况往往多而杂、繁而重，人逐渐被这个多元社会所同化，因而现在拥有这种身份特点、这种双重属性的人越来越多了。所以，社会在变，我们的思想观念也需要适时改变。

道德不仅仅是一种外在规范，还应当能满足人的精神需求，即按照某种道德标准生活，能够获得精神上的愉悦和满足。这种满足，主要是对生活意义的满足。并且这种生活意义，并非来自当事人自己的肯定，而是来自主流政治社会系统的肯定，而且只有主流政治社会系统才有权力这样做。

核心价值观隐藏着现代国家治理的重大秘密。美国的核心价值观中对自由的强调，在一定程度上促成了美国的强大。美国独立时期，帕特里克·亨利喊出了“不自由，毋宁死”的口号。自此，“自由”成了美利坚民族的灵魂。纵观美国历史，从国会辩论、总统演说、法院判例、外交文件，到左、中、右翼的社会运动，乃至最近的反恐战争，无不声称是争取或捍卫“自由”。即便在日常生活中，“自由”也与美国人形影不离：中小学学生每日必宣誓效忠“自由”；体育比赛前，观众必高唱国歌，赞颂“自由之疆”；美元硬币上无一不刻有“自由”（liberty）的字样。世界上民族众多，没有不爱“自由”的，但对“自由”抱有近似偏执的钟爱，恐怕只有美国人，至少看上去如此。矗立在大西洋岸边眺望远方的自由女神像，之于美国人的意义可想而知。美国式的自由是否值得鉴赏，当然是可以商榷的，但其对于美国的意义之重大，是毋庸置疑的。

三是人文关怀需求。人总是需要一种来自人文主义的熏陶。单有精神生活也不行，得有内涵、价值和意义。天天喝酒、聊天、打麻将、下棋，是不是精神生活？也是，但是这个层面不够高。读书、阅读，跟古人交谈，跟书里面的内容交谈，去思考一些有意义、有深度的东西，这也是一种取向，是自然的取向。你感觉无聊了就去喝酒、打牌，人总是有无聊的时候。但在价值关怀引导下不知不觉就有了更高层次的追求，所以这就有一个人文关怀的问题。不仅要给他提供精神食粮，还要提供高素质、高品位的精神食粮，这就如同阳春白雪与下里巴人。在近现代社会，不可否认出现了历史上从未有过的人类文明进步的成果。它们有一个共同的特征，即都是科技理性的价值审视下的产物，如现代化的交通工具、现代化的通信工具、现代化的办公设备，这些无疑都为人们带来了巨大的方便。但是，在方便的同时，人们有没有想过这样的问题，那就是人们创造这些条件的初衷到底是为了什么呢？现在这种初衷是不是真正实现了呢？如果人们被一种新的、更快的、强度更大的力量所支配，那所有的这些发明都还符合我们的初衷吗？我想未必。西方马克思主义者马尔库塞的《单向度的人》一书即对此提出了尖锐批评和冷静分析。他说人不能只有工具理性或是科技理性，更要有人文理性或是人文关怀。工作本身或工具本身或科技本身并不是人类追求的目标，这一切都只是手段或途径，根本的目标还是让人类更有归属感和幸福感。一句话，人文关怀就是要让人感觉到自己应该享有的存在感。由此观之，现代社会的人，不是更幸福了，反倒是更不幸了。穿梭在城市人流之中，生活在钢筋混凝土的建筑里，开门相见不相识，手机上存储大量的联系方式却找不到可以倾诉的对象，人的孤独感在上升，人的不安全感在加剧，人作为“人之所以为人”的丰满度在不断被削弱。这正是人文关怀流失、缺位的结果。

人文主义其实增加了人之作为人的厚度，使之能更加丰富多样地获取关于“人之为人”的知识，从而不断祛除兽性，日益趋近神性。

梭罗说：“我到树林子去，是因为我希望自己有目的地生活，仅仅面对生活中的基本事实，看看我能不能学会生活要教给我的东西，免得我在弥留之际觉得自己虚度了一生。”[①] 在最

① 亨利·戴维·梭罗：《瓦尔登湖》，潘庆舲译，上海译文出版社 2015 年版，第 110 页。

明澈的自然中，明确最明澈之人文——这就是梭罗的意义。

四是理想信念的需求。一种价值的体系，你要给它一个理想，用企业管理的话来说叫愿景。原来我们所说的很多理想为什么不被人认可，是因为我们所说的很多理想，在很大程度上约等于幻想或者是空想。理想应当定义为什么？跳起来能碰到的才是理想；如果使劲跳、拼命跳也碰不到，那是空想。但是如果不跳也能碰到，那就是现实，已经差不多实现了。

所以理想就是愿景，它给你指引，给你一种诉求、一种方向，但是这个方向又不是遥不可及的，这才叫理想，只有这样的理想才能够真正激励人、打动人、吸引人。所以在理想方面，我们不能过于谈空洞的东西，空洞的东西离人太远；也不能过于谈太近的东西，离人太近了也起不到激励的作用，也起不到让人觉得自我实现的价值。

现在社会上的很多活动，对核心价值观起着非常不好的反作用，比如所谓成功学培训。成功学至少在两个方面对核心价值观起着破坏作用：第一个方面是它不负责任地宣扬一种成功模式：只要你努力，就一定能成功；如果还没有成功，说明你还不够努力。这是一种神话，是一种完全不顾任何社会现实条件的神话。这是在制造现代迷信、现代宗教和现代愚昧。这里面还有一个潜台词，那就是采用什么手段是不重要的，重要的是成功的结果。也就是说，为了成功，可以采用一切可以采用的手段，利用一切可以利用的东西，包括尊严、信任、友谊、亲情等。任何只要可以用来服务于成功的东西，都是可以牺牲的，只要最后能够取得成功。传销就是这方面典型的例子。

第二个方面是它不负责任地宣扬一种成功标准：占有的物质财富越多，就越成功，不管这种物质财富是如何得来的；获得的名气越大，就越成功，不管这种名气是怎样获得的。实际上，在一个正常的社会里，“君子爱财，取之有道”。只有通过正当途径，以正当方式获得的财富和名声才是值得推崇的，这样的成功才是值得羡慕和效仿的。

韩少功说：“金钱也能产生出一种专制主义，决不会比政治专制主义宽厚和温柔。这种专制主义可以轻而易举地统治舆论和习俗，给不太贫困者强加贫困感，给不太财迷者强加发财欲，使一切有头脑的人放弃自己的思想去大街瞎起哄，使一切有尊严的人贱卖自己的人格去摧眉折腰。”[①]

很显然，在一个正常的社会，衡量人的成功的标准应当是

---

① 韩少功：《无价之人》，《文学评论》，1993年第3期。

多样化的，比如慈善、友爱、善良、谦和、仁德等。财富也好，名声也好，应该是众多标准中的一种。把成功的标准缩减为财富和名声，甚至于是以牺牲美德为代价换取的财富和名声，将会给社会带来灾难性的后果。因为它会把人从一个社会人降低为经济人，甚至降低为纯粹的经济动物。一个健康的社会，应该是一个人人感到幸福的社会，而且每个人的幸福感不是通过他的财富或政治地位来体现和衡量，而是应该通过他对这个社会的参与程度以及他对这个社会的贡献率来折算。如果其他的人能够从这个人的社会参与中获得了更加幸福的东西，或者是感受到了更加能够让这个社会变得美好的东西，那么这个人就是成功的。其他所有人都要给予这个人充分的尊重，并让他从这种尊重之中感受到他自身存在的价值，进而感受到幸福的存在。

第五节　全部社会生活在本质上是实践的

由于缺乏核心价值观的支撑，当今的中国人面临着严重的道德困境。

一是道德选择上的茫然。就像汪峰在《存在》里所唱的："谁知道我们该去何处，谁明白生命已变为何物，是否找个借口继续苟活，或是展翅高飞保持愤怒。"没有一个道德选择的确定性的框架可以告诉我们什么是高尚。到底是苟活于世，还是选择一种高尚的活法？这是一个极大的问题。

二是生命意义的追寻。汪峰的歌曲《飞得更高》就体现了这一点。我们每个人对于生命的高度，对于自己的生命能达到一个什么高度，其实都有一种本能的追求。我想飞得更高，我人生一定要达到一个更高的层次。但谁能告诉我什么叫飞得更高？是更多的钱，还是更高的其他社会综合性的评价标准呢？有没有呢？如果没有，那么这个对我来说，就是一个非常非常悲哀的事情。我想飞得更高，但是翅膀太重。这是第一，也就是标准是什么的问题。

第二，我想飞得更高，但是我没有方向感。大家想一想，很多年轻人，包括我们年轻的时候，都面临这个问题：生命的意义不知道怎么去追寻，甚至你不知道你追寻的东西是否有意义。那么这个社会就麻烦了，它涉及一个非常终极的哲学价值观的问题：人为什么存在？而我为什么活着？我要如何才能找得到生命的方向和目标呢？

第三是自我地位的尴尬。自我地位面临着一种非常尴尬的境地，尤其是当今的这个社会转型期，对年轻人来说，一方面我想飞得更高，另一方面，发现我特别像一只小小鸟，无依无靠，到夜深人静的时候总是睡不着。不知道确定性，或者不知道自己的努力是否能够达到目标，不知道自己怎么样才能摆平自己内心的安与不安，就是这样一个自我地位的尴尬。农民工现象就是这一个尴尬存在的集中代表。每个城市都有数以万计甚至更多的外来务工人员，他们一方面参与着所在的这个城市的各种建设活动，当然是冲着赚钱而来的，另一方面这些外来务工人员却又或多或少地、主动或被动地远离着所在的这个城市，因为有一种不安全感——说不清楚的一种不安全感，让他们感到这个城市虽然给了他们可以接受甚至较高的报酬，虽然这个城市的很多高大的建筑都是由他们一手建立起来的，但是他们不觉得这些跟自己有什么关系——当然除了领取他们自认为应得的工资。傍晚时分、华灯初上之际，我们经常在这个城市的街道上遇到一群一望便知的外乡务工人员，他们或是三五成群溜达在大街之上，或是盘腿而坐在广场之中，或是仰望着自己与同伴刚刚盖起的建筑而面露欣慰之情……林林总总，不一而足。细细观察，他们都有一个共同的特征：他们的目光很迷离，在迷离之中流露出一种恐慌。这种眼神里有一种隐隐的胆怯，生怕他们所看到的城市把他们的躯体吃了去、把他们口袋的些许零钱抢了去、把他们从这个城市里赶了去。不安全感如同野草一样疯狂生长，让每个人的心里毛毛的。这种情况在当今的中国人身上普遍地存在，不光是低层次的年轻人，还有高层次的年轻人，甚至是所谓成功人士，都有这种普遍自我地位的尴尬。觉得自己好像还可以的人，也未必能够获得一种社会的普遍认可与肯定。

第四是人际关系的裂解。为什么道德困境会持续存在呢？更大的背景在于人际关系在裂解。由于现代性要素的全面入侵，传统的人际关系面临一个系统性的拆解，人与人之间的不信任到了一个很高的程度。比如一则新闻讲，两口子睡在床上，媳妇突然发癔症似的说了一句："你快走，我老公回来了。"这个男的下意识地拿起衣服就跑……然后两个人就闹离婚。你说这叫什么事呢？老婆有问题，老公也有问题，两个没有一个清醒的，有一个清醒的不会出现这种事。人际关系的裂解已经到了什么样的程度？那英在《白天不懂夜的黑》里唱道："我们之间没有延伸的关系，没有相互占有的权利，只在黎明混着夜色时，才有浅浅重叠的片刻。白天和黑夜只交替没交换，无法想象对方的世界，我们仍坚持各自等在原地，把彼此站成两个世界。你永远不懂我伤悲，像白天不懂夜的黑。”

人们认同什么样的价值观，或者具备什么样特征的价值观能得到人们的认同？应该从以下方面考虑：

第一，核心价值观所追求的东西要积极健康向上。要教人向善求真，不能追求负面的，不能追求那些与主流相违背的东西。

第二，核心价值观必须要在根本问题上做出回答。比如要告诉我们：我是谁，从哪里来，到哪里去。要解决人生的意义和自我的这种作为历史长河中一个很短暂存在物的去来和定位的问题，不解决这个问题也不行。

第三，要开展深入的研究宣传阐释。核心价值观要想经得住社会的冲击，它要不断地对社会的变化和社会新事物的出现进行合理的解释和归纳。所以我说我们的民主观也好，法治观也好，要能够用来解释和说明，用来回应我们这个社会的质疑和变化。

第四，要能给我们的现实生活提供指导。中国古代的儒家为什么能成功？一大批知识分子为之献身，为了儒家的道杀头也没关系，原因就在于它给了我们一个精神上的归宿。还有就是给老百姓一个日常生活的指引，他就是一个字都不认识，他也知道怎么样能够从这个儒家学说里面获得教义、安宁与幸福。

第五，要有一大批的践行者、传播者。如果某种核心价值观，仅仅停留在宣传上、传播上，没有看得见摸得着的、可亲可敬可学的东西，那也立不住、传不开、行不远。这里面，可亲可敬不是关键，关键是可学。过去我们的很多典型，确实可亲可敬，但是不一定可学。所以在这样一个时代，一定要有这样一批践行者、传播者，让核心价值观可亲可敬又可学。

典型往往死了之后才被树立为典型，这里面就隐藏着一个巨大的悖论。所以很多人在听了或看了典型人物的先进事迹之后，现场无一不被感动得神伤涕零、潸然泪下，但回过头来一想到这样先进人物的先进事迹多是在献身之后才被知道的，不禁又有了更多的忧郁和疑惑：为什么这些有着先进事迹的先进人物往往会早早地离去？一个人他愿意去做好的事情，但不能因为他愿意做好事就可以无条件地去付出、去牺牲甚至献出自己的生命。

有一个我们都很熟悉的充满正能量的词——任劳任怨。我们经常在工作生活中听到某人被领导或上级表扬为“任劳任怨”。这是没有问题的。但是，如果将“任劳任怨”上升为一种普遍性，上升到一种共同约束，要求每一个人去“任劳任怨”地工作，就值得商榷了。人都有一个基本的生存和生活前提，通俗地讲就是量力而行、尽力而为，这是符合人性的，也是符合实际的，不能苛求每个人一定如何如何，那样的话，到最后反倒是适得其反。

俄罗斯历史与文化研究专家、中国社科院世界史研究所研究员闻一说，一个社会要形成一种核心价值观取决于几个因素：一是国家决策和社会需求相同步；二是决策人的认识需得到民众认同；三是在一个多民族国家里，不能有主体民族和非主体民族之分，这是决定核心价值观极为重要的一个方面；四是核心价值观更需要广大民众同心协力和发自内心的支持与创造精神；五是核心价值观不可能是一成不变的条条框框，它是鲜活的、发展的、不断创新的力量。

马克思指出：“全部社会生活在本质上是实践的。凡是把理论引向神秘主义的神秘东西，都能在人的实践中以及对这种实践的理解中得到合理的解决。”[①]

有人说：端起碗吃肉，放下筷子骂娘。这个当然是不对的。实际上它有一定的心理学道理，基本的物质层面和基本的生活

---

① 《马克思恩格斯选集》第1卷，人民出版社2012年版，第135—136页。

层面满足以后，他的思想的主动性、自觉性就来了。原来吃不饱、穿不暖的时候，他认为给他吃饱、穿暖就是一个很大的恩惠。但是如果吃饱穿暖了之后，人就完全满足了吗？不是的，他的欲望跟着又提高了，他要有自己的思想，有自己的看法，有自己的观点，要跟你展开争论，要获得独立性，所以这句话有一定的心理学道理。

《白鹿原》里面，有一处描述白嘉轩的姐夫——朱老先生读书的场景："那天清晨，朱先生正在书房里诵读。诵读已经不是习惯而是他生命的需要。世间一切佳果珍馐都经不得牙齿的反覆咀嚼，咀嚼到后来就连什么味儿也没有了：只有圣贤的书是最耐得咀嚼的。同样一句话，咀嚼一次就有一回新的体味和新的领悟，不仅不觉得味尝已尽反而觉得味道深远：好饭耐不得三顿吃，好衣架不住半月穿，好书却经得住一辈子诵读。朱先生诵读圣贤书时，全神贯注如痴如醉如同进入仙界。"①

曾国藩指出，"人之气质，由于天生，本难改变，惟读书，则可变化气质。古之精相法者，并言读书可以变换骨相。"② 读书多，自然"有趣，有料，有种"。

① 陈忠实：《白鹿原》，人民出版社 1993 年版，第 135—136 页。
② 《曾国藩家书》。

你看古书、看圣贤之书，越读越想读，从来没有厌烦的时候，总是越读越觉得自己做得不到位，做得不够。为什么会这样呢？精神产品让人越做越想做，越做越觉得自己做得不够。书读得越多，便如同小鬼遇见如来，觉得自己一圈圈矮下去。因为它让你感觉到自己的意义，能够充实光大你的内心。所有的物质产品都不具备这个特点，这就是核心价值观的作用。

曹文轩认为读书人的气质是由连绵不断的阅读潜移默化养就的。他说："我认识的一些先生，当他们安坐在藤椅里向你平易近人地叙事或论理，当他们站在讲台上不卑不亢、不骄不躁地讲述他们的发现，当他们在餐桌上很随意地诙谐了一下，你就会觉得这些先生真是很有神采，让人过目不忘。有时我想：如果这些先生不是读书人又将如何？且不说他们的内心因精神缺失会陷于平庸，就说其表，大概也是很难让人记住的。此时，我就会惊叹读书的后天伟力，它居然能将一个外表平平的人变得如此富有魅力，此时，你会真正领略'书卷气'的迷人之处。"①

从"好饭耐不得三顿吃，好衣架不住半月穿，好书却经得

① 张健：《以文为家，以笔为马——国际安徒生奖获得者曹文轩访谈》，《人民日报》2016年4月14日。

住一辈子诵读”里面，我们可以得到什么样的启发呢？

精神产品与物质产品最本质的区别，就在于任何物质产品都遵循边际效用递减规律，拥有得越多、消费得越多，它的边际效用就会越减少，以至于到了一定程度，甚至产生负的边际效用。而精神产品则不遵循边际效用递减规律，拥有得越多、消费得越多，它的效用并不见得降低，甚至还会增加。

再进一步说，就精神产品内部来说，能够真正让人获得的边际效用不会减少的精神产品，主要指的是那些好的优秀的积极健康向上的精神产品。而判断精神产品好与不好的一个重要标志，就是看它能够提升人的气质、气场，还是对人的气质、气场没有什么作用，甚至对人的气质、气场起到降低的作用。所谓的“抗日神剧”、韩剧等，各种相亲类、综艺类电视节目，恐怕在提升人的气质、气场方面的效果并不理想。这是特别值得深思的！

《白鹿原》里面写道：当了炮兵营营长的黑娃后来欲拜朱先生为师，朱先生自嘲地说：“我的弟子有经商的，有居官的，有闹红的，有务农的，独独没有当土匪的。我收下你，我的弟子就行行俱全了。”说着回屋取来纸笔，拔下笔帽。笔头已经干涸，经水泡开又磨了墨汁，给黑娃写了“学为好人”四字，说：

“你是我最后一个弟子。这是我最后一幅题字。”这个故事意味深长。“学为好人”是《白鹿原》这本书的直接主题！在错综复杂的、未来世界一片不可知的情况下，这四个字给无数人指明了方向和道路：让原本罪恶的人通过学习、反省变成了好人；让原本需要扶持才能变得真善美的人继续学习和传播美德；让那些原本属于君子圣人的智德更多地光耀大地！整本书中，这四个字出现了无数次，但最重要的八九次改变了主角们的命运，也改变了那个年代和那个社会的大环境！从人生哲理上看，人在人生的终点的时候去反思人生，反思自己错误的行为，进而反思出了很多道理和哲学，这正是一种升华。

第三讲

现代人的心灵治理

为什么要倡导社会主义核心价值观

伊凡四世是俄国历史上第一位沙皇，生性残暴，17 岁时杀死握有实权的摄政王，自立为帝。他毫不留情地屠杀所有反对他的政敌，镇压叛乱，绞死主教，最终失手杀死自己的亲生儿子。因此后世称他为“伊凡雷帝”或“恐怖的伊凡”，但他在统一和治理国家方面卓有贡献。伊凡四世公开宣称：沙皇不仅应该管理国家，而且还应该拯救灵魂。他往往以宗教的名义征战，在征服喀山、阿斯特拉罕以及在与利沃尼亚和波兰、立陶宛人作战时，他将自己描绘成基督教的监护人，被赋予了统一基督教世界的任务。攻占喀山汗国以后，伊凡四世立即发布命令，在此地建立东正教教堂，任命教士传播东正教，强迫喀山人民放弃原先信仰的伊斯兰教而改信东正教，否则就要加以鞭笞和囚禁。

伊凡四世的残暴当然应当引以为戒，但他公开宣称“沙皇不仅应该管理国家，而且还应该拯救灵魂”。有没有可借鉴之处呢？这是值得中国共产党人认真思考的。

第一节　马上得天下不可马上治天下

习近平一直在思考这样一个问题，思考得非常深刻。他说：“中国共产党人能不能打仗，新中国的成立已经说明了；中国共产党人能不能搞建设搞发展，改革开放的推进也已经说明了。但是，能不能在日益复杂的国际国内环境下坚持住党的领导，坚持和发展中国特色社会主义，还需要一代一代中国共产党人继续做出回答。”这是他讲的怎么样进一步坚持和发展中国特色社会主义的问题。

今天，还要讲以经济建设为中心，但是不能只讲以经济建设为中心，而是需要从经济到文化，从经济到政治，从经济到社会。党的十八大报告按照中国特色社会主义事业“五位一体”总体布局要求，从经济建设、政治建设、文化建设、社会建设、生态文明建设五个方面，对党和国家的事业进行了全面部署，具有很强的针对性、战略性、指导性。“五位一体”总布局不是凭空的理论创造，而是我们党在领导人民建设中国特色社会主义的实践中认识不断深化的结果。邓小平首先提出物质文明、精神文明的“两个文明”建设。此后，我们党在此基础上提出经济、政治、文化建设的“三位一体”。在科学发展观与和谐社会的理念提出后，又将以改善民生为重点的社会建设提上重要日程。党的十七大上，我们党将经济、政治、文化、社会建设“四位一体”的中国特色社会主义事业总体布局写入党的章程。现在“五位一体”的新布局更加强调均衡、可持续和以人为本的发展。我们所追求的社会主义一定是全面协调的社会主义，不能够是单向、单兵突进的，单兵突进到一定程度一定会出问题。

新中国的成立解决了中国人政治上的独立自主，建国六十多年基本解决了经济、军事上的独立自主。核心价值观则是为了解决精神上的独立自主问题。物质上落后，一打就垮；精神上落后，不打自垮。

就拿核心价值观里面的“民主”来说，由于现有的民主理论几乎都是基于西方观念和西方实践而形成的，并且它们已经成为我们判断一国政治的“潜意识”，严重地束缚了我们对于中国政治现实的认知力和判断力，从而对中国民主政治发展已经发生的巨大变化、取得的巨大成就视而不见、听而不闻。而这又抑制了我们的理论想象力和创造力，仅仅满足于做西方理论的实验场。这对中国来说是不公平的、不正常的，对中国学术界来说是悲哀的、难堪的。近代以来中国备受西方列强欺凌的历史遭遇和自身艰难探索实践的碰壁，在给中国人的心理造成极大创伤的同时，也留下了更大的阴影，多以为中国自己的不足信，中国传统之道不足法，甚至连中国文明一无是处论也一度甚嚣尘上。于是出现了放着几千年老祖宗留下来的优秀传统文化不学，反倒去学那些西方新生的几百年的东西——学习西方的理论也没问题，但数典忘祖的做法就不可取了！这就是典型的“半殖民地心态”：只要西方人说不好，即使我们的东西是真好，那也是不好的了。这样的问题、这样的思想认识倾向已经延续一百多年了，辜鸿铭对此早有警惕。19 世纪末日本首相伊藤博文访华时，曾会晤辜鸿铭，名为请教孔孟学说，却语含讥诮：先生留学欧美，精通西学，难道还不知孔子之教，能行于数千年前，而不能行于当今吗？辜鸿铭微微一笑，回应道：孔子的思想，就好比数学家的加减乘除，几千年前是三三得九，几千年后依然是三三得九。你说，难道还会是三三得八不成？

贵国如果没有孔子之教，焉能有今日？我看不是因了洋人的那点玩意儿吧！

先人都曾如此自信，今天我们更要自信起来。我们中国自己的，尤其是那些与西方不一样的东西，未必是不好的。我们要对此有足够的信心，此所谓“出山未比在山清”！

2013 年 6 月 18 日，习近平在党的群众路线教育实践活动工作会议上的讲话指出：我们多次讲，党的先进性和党的执政地位都不是一劳永逸、一成不变的，过去先进不等于现在先进，现在先进不等于永远先进；过去拥有不等于现在拥有，现在拥有不等于永远拥有。这是用辩证唯物主义和历史唯物主义观察问题得出的结论。

共产党一定要与时俱进，一定要不断发展。不断发展什么呢？过去会领导战争，现在会领导经济，以后还要更会领导文化，领导政法，这才叫与时俱进。

从背景上来说，当今时代我们讲价值观建设，有着什么样的考虑呢？

第一，“马上得天下不可以马上治天下。”这是中国历史深刻的经验启示。可以用利剑去开疆扩土，但最终还是要用思想来统合社会。从传统眼光看，中国共产党也是从马上得的天下，因此也要深入思考这一宝贵的经验。

在我国历史上元朝与清朝的统治者，都是典型的马上得天下者。他们在得天下后的国家治理问题上，都面临过巨大考验。元朝刚开始自恃武力强大，在心底里根本不把中原当回事，认为只要杀伐任我、你为鱼肉，我就不信你中原人不服从我的统治。后来发现根本就不是那么回事：中原人有一种特殊的文化力量是蒙古人所无法征服的。这就是后来恩格斯所说的："由比较野蛮的民族进行的每一次征服，不言而喻，都阻碍了经济的发展，摧毁了大批的生产力。但在长期的征服中，比较野蛮的征服者，在绝大多数情况下，都不得不适应由于征服而面临的的比较高的'经济情况'；他们为被征服者所同化，而且多年甚至不得不采用被征服者的语言。"① 马克思在论述中世纪在印度发生的情况时进一步指出："相继征服过印度的阿拉伯人、土耳其人、鞑靼人和莫卧儿人，不久就被当地居民同化了。野蛮的征服者总是被那些他们所征服的民族的较高文明所征服。这是一条永恒的历史规律。"② 但是，当蒙古统治者认识到这一点并

① 《马克思恩格斯选集》第 3 卷，人民出版社 2012 年版，第 563 页。
② 《马克思恩格斯全集》第 9 卷，人民出版社 1961 年版，第 247 页。

尝试改变的时候，历史留给他们的时间却不多了，最终被赶回了漠北草原。后来崛起的清政权，通过武力实现了对大明王朝的征服，就变得聪明起来了。清朝统治者大量任用汉人中的贤相良将，采用汉制强化统治。可以说，元和清在统治中原期间，都被汉族所同化，元朝和清朝都同样地接纳汉文化，使用汉语言和文字，而且在政治、经济上大多仍采用汉民族的体制和管理方式。这是我国历史上两个比较有代表性的“上马取天下，下马知天下”的案例。一正一反，一个短暂而亡，一个强盛而久。道之所存，耐人寻味。

第二，逆取而顺守。既然马上不能治天下，那么我们用什么方式治天下呢？逆取而顺守，这也是中国传统哲学智慧。武力得到的天下，用文治来完善它，武功与文治一定要并用。

现在很多党员干部骨子里有这样一种思维，认为我们共产党人用鲜血换来的天下，不允许你们轻易否定；鲜血换来的江山，如果要否定，就要付出血的代价等。这说明还没有从那种“马上得天下马上治天下”的思维里面走出来。经常这样思考、说这样的话，会不由自主地把老百姓推到对立面去。所以共产党治国理政同样要逆取而顺守。靠什么顺守？靠文化和价值观。习近平说：没有文化支撑的事业难以持续长久。

政治是骨骼，经济是血肉，没有骨骼立不住，没有血肉不丰满，但是没有文化，就没有灵魂。口袋鼓，脑袋瘪，无论是一个人，还是一个民族，都不可能得到人家发自内心的认可和尊重。文化是经济发展的助推器，是政治文明的导航灯，是社会和谐的黏合剂。

习近平总书记在庆祝中国共产党成立 95 周年大会上的讲话中指出："文化自信，是更基础、更广泛、更深厚的自信。在 5000 多年文明发展中孕育的中华优秀传统文化，在党和人民伟大斗争中孕育的革命文化和社会主义先进文化，积淀着中华民族最深层的精神追求，代表着中华民族独特的精神标识。我们弘扬社会主义核心价值观，弘扬以爱国主义为核心的民族精神和以改革创新为核心的时代精神，不断增强全国各族人民的精神力量。"①

文化还是人们需要的重要组成部分。红军在长征路上曾经有一段路经过云南的迪庆，就是香格里拉和四川的甘孜州之间的那一段，非常凶险。这里有一条茶马古道，古道上走的有两

① 习近平总书记在庆祝中国共产党成立 95 周年大会上的讲话。《人民日报》2016 年 7 月 2 日。

种人：一种是做贸易的，他们把四川的茶卖到藏区去，把藏区的一些物产卖到内地，他们是为了求利。但是还有一个群体，就是一些僧侣和朝圣的人。茶马古道一边是大江，一边是高山，人马落下去，连个声响都没有就一命呜呼了。求利的人在这条路上走，也好理解，人为财死鸟为食亡嘛，那么求理也冒着极高的生命危险走在这条路上，这是为什么呢？值得吗？能够给我们什么样的启迪呢？

《老人与海》给了我们一个启示，或者说是西方的一种智慧给了我们提示：人生的悲剧有可能是永恒的，但是这种不屈不挠的斗争精神也应该是永恒的。我们需要给世界一个积极、健康、向上的说法。从一定意义上来讲，世界是怎么样的，已经是这样的了。而我们对于世界的认知理解是怎么样的，直接决定了我们是怎么样的人。大家想一下，物质世界本来都是粗糙、零乱、杂芜地摆在我们面前的，只有当我们赋予它一个确定的理解和回答之后，这个世界才会有意义地、清晰地浮现在我们面前，我们才对这个世界有了一个更加有意义的认知和理解。这靠什么？靠思想框架的作用。核心价值观就是这样的作用。

坎特伯雷大主教曾经就英国为什么会出现尊崇女王、热爱王室的现象说：“一个国家资金短缺，尚能生存，但如果没有一个人们共同热爱的、理想化的东西，则国家就会四分五裂。正是从这个道理出发，人们才如此尊崇女王。”“英王手中没有真正的政治上和法律上的权力这一事实，正是其权力之所在。”

说人吃饱了撑的才去研究哲学，那是把人当作动物对待。而人之所以成为人，恰恰是他需要文化。精神需求就跟我们吃饭、穿衣、喝水一样都是最基本的需求。不是说吃饱了才会有文化需求，一定意义上它们都是基本的人类的需求。用心理学的话来说，它们都是一种本能，只不过前者是生活的本能，后者是社会的本能。

第二节　中国电视剧的出口什么时候能超过电视机

提倡社会主义核心价值观的目的是什么呢？可以分成五个方面来理解：

第一，展示思想上或精神上的旗帜。

戴旭说，价值观是一个国家和民族传统文化的结晶，并被精神不断雕琢后，呈现在某一个时空中的集体意识。它的基本功用，是用来凝聚和召唤国家和民族的精神力量，以延续国家和民族的生存、发展。

对于食物、水，我们不能容许其有毒有害，而对于精神领域，就可以听之任之吗？这是值得深思的。

不论社会思想观念如何多样多变，不论人们价值取向发生怎样的变化，都必须提倡社会主义核心价值观。也就是说，不管社会观念如何变化，共产党一定要有自己主流的、占核心地位的价值观。这种价值观念无论何时都要高扬起来，因为社会提倡正能量、弘扬主旋律就要靠它。在这个问题上，不能含糊其词，不能羞羞答答、遮遮掩掩，而必须理直气壮、旗帜鲜明地“亮剑”。

习近平敏锐地观察到了一个现象。他说：一个政权的瓦解往往是从思想领域开始的，政治动荡、政权更迭可能在一夜之间发生，但思想演变是个长期过程。思想防线被攻破了，其他防线就很难守住。也就是说，一个政权的垮台，实际上是一夜之间的事情，比如东欧剧变，比如发生“颜色革命”的一些国家政党的垮台等。但是政权的瓦解垮台并非没有前兆，它的瓦解往往是从思想、从价值观的瓦解开始的。也就是在很久以前，人们从思想上就已经开始对它进行抵触，在价值观念上开始对它不认同了。所以习近平说，思想防线一定要守住，守不住思想防线的话，后面的防线就很难守住。苏联从 20 世纪 80 年代开始，社会上就系统性地出现了公然的对社会主义制度、对共产党的攻击和诬蔑。这里面的教训是很深刻的。

苏联垮台之前社会上流传过很多充满讽刺意味的幽默段子，虽不一定真有其事，但却在一定程度上印证了苏联垮台的必然性。其中一个段子说勃列日涅夫当上苏共最高领导人之后，将住在乡下的老母亲接到了莫斯科。老太太来了以后，勃列日涅夫得意扬扬地向老妈展示了一番自己的豪华别墅、高级汽车、名贵家具等。展示完了后，勃氏问老太太这一切如何，老太太说："儿子啊，这一切都很好。但是，共产党来了你怎么办?"之所以有这样的段子出现，当然不排除敌对势力的恶意攻击，但事实却是后来披露的史实居然与这个搞笑讽刺的幽默段子相吻合，这就不能不令人深思了。也就是说，对于人们在现实生活中遭遇的不公正、不公平、不公开的现象，如果不能及时地、妥善地处理掉、处理好，给人们一个透明的、满意的、合理的说法，即使人们可以在短期内保持缄默，也不能保证他们永远不去说、不去议论。核心价值观的作用之一，就是让现实中那些不好的，不公正、不公平、不公开的现象无所遁形。

还有一个问题也是习近平一直在思考的。他说：“如果哪天在我们眼前发生‘颜色革命’那样的复杂局面，我们的干部是不是都能毅然决然站出来捍卫党的领导、捍卫社会主义制度?”“当然”，他说，“我相信我们的绝大多数党员干部是能够站出来的”。但是，如果把他们后面的回答去掉，只保留这样一个问题，并用这个问题来拷问很多党员干部，恐怕得到的并不都是理直气壮、发自肺腑的肯定回答。如果有一种仪器可以检测真实的内心活动，心虚气短的人恐怕也不会少。

为什么呢？因为思想的和意识形态的内容，不是一天两天就可以巩固上去的。它需要一个过程，需要做大量建设性的工作。离开这些艰苦细致的工作，几乎很难达到目的。

延安时期的共产党人，被很多人说成是“三头六臂”。意思是说，这样一个又穷又破的党，把一群更穷更破的农民锻造成了一支战无不胜的军队，肯定是具有“三头六臂”那样的本事。这样的说法被爱国人士续范亭听到了。他说，共产党确实有三头六臂。哪三头呢？枪头、锄头和笔头；枪头用来打仗战斗，锄头用来生产，笔头用来宣传，手打仗、生产、写文章，缺一不可。显然，这是对共产党由小到大、由弱变强的非常形象而准确的解释。只有枪头，没有锄头和笔头肯定不行，但是只有枪头，只有锄头，没有笔头也不行。因为面对这样一个贫困落后、没有多少文化知识的群体，必须首先要在思想上、精神上把他们打造成一支钢铁之军，而后他们在实际中才能成为一支钢铁之军。思想的精神的力量，显然起到了至关重要的作用。

第二，巩固共同的思想基础。

一个国家、一个社会、一个民族，一定要有一种共同的、可以分享的思想基础和价值观念。习近平说："纵观人类历史，把人们隔离开来的往往不是千山万水，不是大海深壑，而是人们相互认知上的隔膜。"放到国内，这句话也是适合的。没有共同的思想基础，党就会瓦解，社会就会动荡，国家就会分裂。

我们反思中日甲午战争，反思到最后，一定会将失败归结到制度的原因、文化的原因。从制度上看，清朝制度的效率性与日本相比差距太大；从文化上看，清朝文化的整合与日本相比差距更大。有这么一个事例，说战争刚刚结束时，北洋水师已经覆灭了，南洋水师的几艘舰船本来是过来操练的，结果也被俘虏了。他们竟然向日方提出"你把我放回去"的要求。为什么？因为“我不是作战方”。为什么不是作战方呢？因为“你们是跟北洋水师作战，我们是南洋水师，我跟他不是一伙的，你要把我放回去，我不是你的合法俘虏”。这件荒唐而可笑的事情说明，当时的国家缺乏文化上的价值观整合。而这种文化价值观的整合，对于中国这样一个多民族的国家来说，具有一种更加特殊的重要性。

陈云在长征途中就观察到了一个非常有意思的，也非常深刻的现象。他说，你看看国民党的队伍为什么会成建制成建制地投到我们共产党队伍中来呢？比如国民党一个团长，跟共产党谈好了：明天就过你们那边去了。然后整个队伍就拉过来了。但是哪看见过共产党军队成建制地去投敌呢？虽然不排除有个别叛逃分子，但是有过共产党军队成建制地去投敌的吗？没有。为什么呢？因为我们这个队伍是有思想的队伍。所以陈云说，我们大家都是来干革命的，如果当官的不革命了，他要投敌，那么副团长可以把团长杀掉，然后继续带领大家革命。如果上面都叛变了，士兵可以把当官的杀掉，然后继续干革命。“胜则举杯相庆，败则拼死相救。”这是国民党无论如何也不能理解的。所以我们才有了胜利。这就是价值观的力量，这种力量是任何外在物质力量都难以匹敌的。

长征途中，风雪交加，一支衣衫褴褛、面带饥色的队伍蹒跚而行。突然，一个身着单衣的战友倒下了，跟在后面的指挥员心痛地对通信员说："把军需处长给我找来！""他就是军需处长！"沉默许久，队伍中有人回答。

这就是思想的力量。

美国的李湉（Ann·Lee）就曾在《美国能够向中国学习什么》一书中提出这样的观点：中国历史的发展有赖于中国人的独特性及其他各种因素，但是中国能够取得如此巨大的成就，最主要的原因还在于长期形成的价值观和方法论。这些价值观和方法论已经制度化，并指导了几代中国人的行为方式。

共同的思想基础来自于人们之间的通感，而通感只有建立在共享同一种主导价值观的时候才能做得到。

第三，提升道德的水准。

按照通常的说法，由于"四个深刻"，即经济体制深刻变革，社会结构深刻变动，利益格局深刻调整，思想观念深刻变化，人们的思想活动"四性"即独立性、选择性、多变性、差异性明显增强，其正面效应，是使得人们有了更多的选择和自由的空间、主体意识觉醒、催生新的价值观念和意识。然而其负面效应，则带来的是怀疑历史、颠覆传统、戏弄经典、信仰缺失、思想混乱、价值失序，等等。

习近平指出：改革开放以来，我国经济发展很快，人民生活水平提高也很快。同时，我国社会正处在思想大活跃、观念大碰撞、文化大交融的时代，出现了不少问题。其中比较突出的一个问题就是一些人价值观缺失，观念没有善恶，行为没有底线，什么违反党纪国法的事情都敢干，什么缺德的勾当都敢做，没有国家观念、集体观念、家庭观念，不讲对错，不问是非，不知美丑，不辨香臭，浑浑噩噩，穷奢极欲。现在社会上出现的种种问题病根都在这里。这方面的问题如果得不到有效解决，改革开放和社会主义现代化建设就难以顺利推进。

习近平又指出：我们始终强调，两个文明都搞好才是中国特色社会主义。邓小平同志早就告诫我们：风气如果坏下去，经济搞成功又有什么意义？会在另一方面变质！因此，我们要在全社会大力弘扬和践行社会主义核心价值观，使之像空气一样无处不在、无时不有，成为全体人民的共同价值追求，成为我们生而为中国人的独特精神支柱，成为百姓日用而不觉的行为准则。要号召全社会行动起来，通过教育引导、舆论宣传、文化熏陶、实践养成、制度保障等，使社会主义核心价值观内化为人们的精神追求，外化为人们的自觉行动。

对于思想文化领域的混乱，习近平在批评一些党员干部时说：在一些人那里，有的以批评和嘲讽马克思主义为“时尚”、为噱头；有的精神空虚，认为共产主义是虚无缥缈的幻想，“不问苍生问鬼神”，热衷于算命看相、求神拜佛，迷信“气功大师”；有的信念动摇，把配偶子女移民到国外，钱存在国外，给自己“留后路”，随时准备“跳船”；有的心为物役，信奉金钱至上、名利至上、享乐至上，心里没有任何敬畏，行为没有任何底线。

时下一些做了坏事的人、一些贪污受贿的腐败官员进庙烧香拜佛。针对这一问题，星云大师回答说：“这是不对的，不符合因果。种瓜得瓜，种豆得豆。种瓜怎么能得豆呢？做了坏事要得到好的报应是不可能的。如同一块石头靠自身重量沉到河里，无论你怎么祈求这块石头，它都不会浮上来。同样的道理，做了坏事，无论怎么祈求、忏悔，都没有用，神明是不会原谅的。”星云大师这番因果报应的解释，可能会使那些企图通过烧香拜佛来达到逢凶化吉、遇难呈祥目的的腐败官员们头皮发麻、脊背发凉，甚至会出一身冷汗。一边搞腐败，一边烧香拜佛，这是对法律和道德的践踏，必将受到党纪国法的应有惩罚。

实际上，不仅一些党员干部，整个社会都多少有这个问题。不信马列信鬼神，不问苍生问鬼神，这样的现象何其多！有些干部还是特别高级的干部，家属花几千万请一个法师作法，让自己的丈夫升官再快一点，地位更稳固一点。或者在政府门口弄一个什么阴阳镜之类的东西，泰山石这样的玩意儿。你说这是共产党的干部吗？影响很坏。马克思主义最基本的一条就是唯物论，唯物论最基本的一条就是无神论。在家门口埋一个泰山石，地位就能稳如泰山吗？能用合理的、科学的解释来推导出这两者之间必然的联系吗？习近平对这类现象非常反感，深恶痛绝。

对于行为规范领域的混乱，习近平也有非常痛彻的批评：现在，社会上奢靡之风、奢华之风很甚。市场上有卖到 39000 元一条的香烟，15 万元一斤的大闸蟹，几万、十几万元一桌的宴席，160 万元一筒的普洱茶，动辄几十万、几百万元的名车名表等，很多人趋之若鹜。还有就是节庆泛滥成灾，一些地方热衷于造节办节，神话传说、历史人文、飞禽走兽、花鸟鱼虫、俊男俏女等都能列入节庆范围。一些运动会场馆建设及配套基建项目耗资巨大，赛事规模和接待成本不断膨胀。这些活动动辄花费几百万、几千万甚至多少亿，大而无当、劳民伤财啊！

这实际上就是整个社会的问题了。那么社会上为什么会出现这种现象？跟我们这个民族陷入一种非理性状态有关系。这样一个民族也不可能受到别人的真正尊敬，这样一个民族不可能很大方、很自信地站在别的民族面前，拍着胸脯说我为这个国家而自豪。这种状态甚至可以说是一种新式的愚蠢。

因为现在人们的思想观念和价值选择呈现出了层次性和多样性，特别是出现了许多不健康、不正常、消极落后的东西，才更加凸显出社会主义核心价值观的重要性。

当然，层次性和多样性已经成为思想文化和价值观念领域的一个新常态，培育和倡导社会主义核心价值观必须在这样一个新常态下进行思考和谋划。尽管如此，也不能因为层次性而放松甚至放弃先进性的要求，更不能因为多样性而放松甚至放弃一元化的要求。重点是用新的理念和思维来推进。

具体地说，在新常态下，不可能要求所有人都是活雷锋。

但是，对雷锋进行嘲笑戏弄却是很不好的。有人学雷锋，我们就应该去鼓励，应该去崇尚，应该自觉地向他靠拢，这样的社会才是一个常态下的社会。

2015 年，我们党新修订了《中国共产党廉洁自律准则》（简称《准则》)。《准则》以更加务实的精神、更加可行的要求，为党员和党员领导干部树立了一个既能够看得见、又能够够得着的新标准。这个新标准充分考虑到了现实情况，比如在第一条中使用了“公私分明”的措辞，而没有使用“大公无私”，这就是一个有力的证明。在中国特色社会主义市场经济体制和中国特色社会主义法制体系下，公民的私有财产和合法权益是有充分保障的，共产党员和领导干部也是普通公民，也有自己应有的那一份权益，不要求“大公无私”，而要求“公私分明”，符合实际情况，更具有可行性。这一点充分证明了我们党从严治党认识水平的提升，也证明了我们党从严治党能力和自信的增强。

实际上，根据道德标准，人大体上可以分为三类：一类是凡人，一类是好人，一类是圣人。培育和践行核心价值观，必须根据这个分类来实施：一是认可人之为凡人，大家首先都是有七情六欲、儿女情长的凡人，都生活在凡俗的世界之中；二是鼓励凡人成为好人，或者说，鼓励凡人的好事善举，在一点一滴、一举一动、一言一行中营造社会的好人好事氛围；三是提倡好人变为圣人，或者说，对于那些立志成为圣人的好人，要为他们积极地创造条件和氛围，支持他们的活动和事业。

从另一方面反向来看，我们不能依据好人的标准来随意对凡人评头论足，更不能依据圣人的标准对凡人严加要求。凡人总是社会中的大多数，好人次之，圣人更是少之又少，这是符合社会常态的。不过，为政者必须保持或者为大家营建这样的心理秩序，即：凡人不能嘲讽冷观好人和圣人，而必须敬畏崇拜好人和圣人。对于那些肆意侮辱、破坏好人和圣人形象的，必须给予足够的道德和舆论谴责，否则，难以形成良性的社会。

伯恩斯认为：领袖的作用是塑造更加美好的未来，也就是说去追求尽可能广大的目标和尽可能高的道德水准。并说：如果一个人会把其他人领上下坡路，引入歪门邪道，那么，作为领袖就应该有能力领着人们向上走，去追求更高水平的价值观、目的和自我完善。

作为治国理政领导者的中国共产党，对提升民众的道德水准，应该给予高度重视。

第四，增强国家的实力。

这个实力主要指的是国家的软实力。按照约瑟夫·奈的说法，一个国家的实力分为两个方面：一个是硬实力，一个是软实力。所谓硬实力，就是“肌肉”：军事、经济、科技等，这叫硬实力。所谓软实力，就是思想的力量、价值观的力量，当然也包括制度的力量。硬实力非常重要，软实力同样非常重要。按照约瑟夫·奈的说法，只有把软实力和硬实力结合起来，形成巧实力，这个国家才是一个最具有竞争力的国家。

2014 年 2 月 24 日，习近平在党中央第十三次集体学习时指出：核心价值观是文化软实力的灵魂、文化软实力建设的重点。这是决定文化性质和方向的最深层次要素。一个国家的文化软实力，从根本上说，取决于其核心价值观的生命力、凝聚力和感召力。培育和弘扬核心价值观，有效整合社会意识，是社会系统得以正常运转、社会秩序得以有效维护的重要途径，也是国家治理体系和治理能力的重要方面。历史和现实都表明，构建具有强大感召力的核心价值观，关系到社会和谐稳定，关系到国家长治久安。

苏联为什么败给美国呢？不是因为苏联硬实力跟美国差距太大，而是很大程度上败在了软实力上面。软实力没有吸引力，大家都不跟他走，导致内部分崩离析。反过来美国通过北约组织、经合组织等，笼络了一大帮兄弟，这就是软实力。这不仅仅是靠武力威胁出来的，也不是靠经济援助所能办到的。

对一个国家来说，如果缺乏硬实力是缺钙，那么缺乏软实力就是缺氧；如果提升硬实力是补钙，那么提升软实力就是补氧。因此约瑟夫·奈总结说，硬实力和软实力同样重要，但是在信息时代软实力的作用正在变得比以往更为突出。去过高原的人都知道，不管你身体有多么强壮，缺乏氧气就再也厉害不起来了，所以中国现在既要补钙更要补氧。缺氧使人麻木，不知道自己到底想要什么、想干什么，怎么正确地想问题、做谋划。

英国前首相撒切尔夫人在20世纪80年代时对中国下过一个断言。她说：中国不会成为超级大国，因为中国没有那种可以用来推进自己的力量，从而削弱西方国家具有国际传播影响的学说，中国出口的是电视机而非思想观念。这种尴尬中国到现在还没有完全克服。现在我们生产和出口的电视机是全世界最多的，但是我们国产电视剧每年也生产了很多，可有多少能够卖到海外、能够受到欢迎、能够产生巨大的影响呢？答案却是屈指可数。从某种意义上说，一个只会出口电视机而不会出口电视剧的国家，是不会成为令人敬畏的、真正意义上的大国的。抛开西方政治对艺术的干涉造成的对我们的偏见和歧视因素外，我们反求诸己扪心自问：我们有这个自信力吗？我们对得起文艺大国、文化强国的称号吗？我们于心有愧！

原因是什么？缺乏思想内涵。现在一些所谓的抗日神剧，可以叫它科幻片、动作片，甚至伦理片，就是不能称为历史片。用正常、理性的思维想一想，如果日本人看到我们中国人看这样的电影都那么津津有味，都油然生出自豪、崇敬、民族主义的情感，你说日本人会怎么看待中国人？如果这种电影到日本去播放，日本人会怎么看待我们这个民族？这种东西都超出了正常的理性思维范围了，属于典型的“三无”：没文化，没价值观，没脑子。一个人拿一支小手枪可以打败一个整编连，这种事情只能发生在中国的电视屏幕上。

国民党第三十二集团军总司令李默庵上将曾担任过中国战区日军的受降工作。作为一名参加过抗战、对日军血腥暴行仍记忆犹新的中国军人，李默庵的心情是复杂的。一方面是切齿痛恨，另一方面伴随着受降过程，他感叹良多：被俘日军回国途中始终以正规军人队列行走，毫无紊乱现象，也无任何事故发生。在缴械之时，日军将所有武器包括重机枪、车辆及自佩武器都擦拭得干干净净，并将其人员、马匹、武器、弹药、被服、袋具、车辆等物资登记造册，数字清楚，让人感觉与其说是缴械投降，还不如说是在办理移交手续。李默庵后来在回忆录中写道："对当时的这一切，我至今印象深刻，并颇有感受。我从军人的角度，透过日军交缴武器这些细微末节，看到日军平素的军队管理及训练是很严格的，由此也可以看到一个民族的精神面貌。当时我就想，他们的纪律如此之严整，行动如此之一致，将来如果领导正确，必是一个可以发挥无限潜力的国家。"①

布热津斯基在《大棋局》中提出了大国的四个标志，即：经济发达，军事强大，科技雄厚，文化富有吸引力。历史和现实都表明，大国崛起不仅是经济现象，而且是文化现象；不仅是经济增长，而且是文化繁荣，只有文化才能让一个民族拥有

---

① 李默庵：《世纪之履·李默庵回忆录》，中国文史出版社 2012 年版，第 300 页。

持久的深沉的奋发向上的力量。

美国社会学家、密歇根大学罗斯商学院教授韦恩·贝克在2004年出版的《美国的价值观危机：现实和感受》一书中，认为当代美国人拥有“10种备受各种人口、宗教及政治派别推崇的共同价值观”，如尊重他人、机会平等、自由、安全、自主和个人主义、正义和生命、成功、追求幸福、象征的爱国主义(对国旗、国歌等国家象征的情感寄托）以及批判的爱国主义(美国民众出于爱国和希望国家实现崇高理想而批评美国的政策)。

所以习近平对于许多报刊提出了严厉的批评：现在，一些小报小刊、少数电视节目、网络等媒体充斥着怪异新闻、花边新闻等内容，一些明星大款住哪儿了、在哪儿吃饭了、开什么车了、去哪儿旅游了、穿什么衣服了，或者是同谁好了、嫁给谁了等，媒体用尽一切手段猎奇猎艳，趋之若鹜！对名人不是不能报道，但整天报道那些鸡零狗碎、风花雪月的事情有什么意义呢？对社会只能起负面作用。

第五，优化社会治理。

2014年2月24日，习近平在中央政治局第十三次集体学习时指出：培育和弘扬核心价值观，有效整合社会意识，是社会系统得以正常运转、社会秩序得以有效维护的重要途径，也是国家治理体系和治理能力的重要方面。

一个社会大致有三种整合方式：

第一，功能性整合。市场经济就是最典型的功能性整合。花多少钱买多少东西，有多少人买就生产多少东西。服务到家，送货上门，不断精益求精，不断改进创新等，市场机制可以起到这样的推动作用。

第二，制度性整合。民主法治就是最典型的制度性整合。告诉你什么事情可以做，什么事情不能做，画个线，告诉你能不能做。

第三，认同性整合。价值观念就是最典型的认同性整合。它要求从利益满足到价值满足，从统一思想到凝聚共识，从利益认同到价值认同。

功能性整合，最主要的手段是利益；制度性整合，最主要的手段是强制；认同性整合，最主要的手段只能是自愿。现代社会条件下，治国理政能力的最高标准就是认同性整合。它无法用利益满足的方式获得，更不能依靠强制推行的方式取得，而必须发挥渗透力、传播力和影响力，引导人们自觉自愿地接受奉行。

法国政治思想家卢梭说，即使最强者也决不会强得足以永远做主人，除非他把自己的强力转化为权力，把服从转化为义务。

现在中国共产党正在面临一个前所未有的变化，就是过去所熟悉的功能性整合、制度性整合的边际效用日趋递减，认同性整合的地位和重要性日趋上升。孔子说："道之以政，齐之以刑，民免而无耻；道之以德，齐之以礼，有耻且格。"① 这里强调的就是制度性整合的局限性和认同性整合的重要性。

很多党员干部，特别是中高级领导干部，并没有在思想上做好提升认同性整合能力的准备。比如，习惯花钱购买稳定，高压维持稳定，从来没有想过怎样在文化上把这个社会治理得更好一点，从而降低认同性整合和制度性整合的成本和压力。人不仅仅是一个经济的存在物，还是一个文化的存在物。用经济的东西替代文化的东西，效果很差，代价很大，成本太高。

认同性整合最重要的特点是自愿性顺从，而要实现自愿性

① 《论语·为政第二》。

顺从，必须满足人们的荣誉感和幸福感。荣誉感是人们对自己存在价值的一种自我意识、自我肯定，满足了人自我实现的需要。幸福感是指人们为谋求和实现人生的一定目标而产生的一种自我满足感。荣誉感、幸福感与目标实现的程度成正比，价值目标实现的程度越大，荣誉、幸福体验就越深刻，相反，价值没有实现，就不会引起荣誉感和幸福感。由此可见，认同性整合的最重要作用，就在于一是要设定值得推崇和追求的核心价值观。从这个角度看，共产党应当成为最重要的“价值提供商”。二是要把核心价值观巧妙地转化为承载特定价值内涵的荣誉感、幸福感，即意义。从这个角度看，共产党应当成为卓越的“意义供应商”。

功能性整合可以对应到党的十八届三中全会，制度性整合可以对应党的十八届四中全会，而认同性整合可以对应到核心价值观培育。因此，习近平有“大手笔”，具备大政治家的风范和潜质，他试图从这三个方面把中国的面貌彻底改换。

司马光曾经说过非常深刻的一段话：“教化，国家之急务也，而俗吏慢之；风俗，天下之大事也，而庸君忽之。夫惟明智君子，深识长虑，然后知其为益之大而收功之远也。”①

我曾经接触到一个地方上负责文化工作的官员。在她看来，文化工作作为一个软指标，在大部分乡镇和部门领导的潜意识里是“务虚”的，不能产生实际的经济效益和明显的、较快的“政绩”。他们认为只要把经济工作做好，文化工作自然而然就会跟着上去。因此，在抓经济工作的同时忽略了文化工作，使得文化工作常常是“说起来重要、做起来次要、忙起来不要”。虽然在每年年初的计划安排中，文化工作同其他工作一样被列入计划，但在实际工作中，经费、人员以及制度往往得不到保障。时间一长，文化工作就给人以“可多可少”“可有可无”的印象，在文化工作岗位上工作的人员也渐渐缺乏大有作为的开拓精神，工作内容不能真正做到贴近生活、贴近实际、贴近群众，宣传思想文化工作收不到应有的实际效果。有的基层宣传干部想做事，但由于受自身专业水平和年龄偏大的限制，工作中“畏首畏尾”“得过且过”，放不开手脚，工作局面一直处于被动状态。“庸官”“俗吏”增多，尤以这一领域为甚。

---

① 《资治通鉴·汉纪六十》。

第四讲

现代国家的价值图景

怎样理解社会主义核心价值观的内容

先来读一则阿凡提的故事：馕是什么东西？

在王宫里，几位哲学家、逻辑学家和法律学家正在讨论一个问题。他们各有各的见解，可谁也说服不了谁。

无休无止的争论让阿凡提听得一头雾水。他站出来说道："你们都是一群糊涂虫！"

阿凡提的话自然冒犯了这些学者，学者要求国王惩治他。国王唤来打手，命令鞭打阿凡提五十下。

"且慢，贤明的国王陛下，"阿凡提不慌不忙地站出来说，"我提出一个问题让这些学者回答，如果他们回答得正确，我心甘情愿挨罚。"

"好吧，请提出你的问题！"国王说。

"先拿纸和笔来！"阿凡提说。

纸和笔拿上来了，阿凡提把纸和笔分给了这些学者，然后说道："馕是什么东西？请你们在纸上分别写出这个问题的答案。"

学者们写好答案后交到国王手里，国王开始宣读答案：

第一份答案说："馕是一种食品。"

第二份答案说："馕是面粉和水的混合物。"

第三份答案说："馕是烘烤熟了的生面。"

第四份答案说："馕是可以变的，可以根据自己的需要把它做成圆的、方的、大的、小的……"

第五份答案说："馕是有营养的物质。"

第六份答案说："馕是没有人能真正知道它到底是什么的东西。"

第七份答案说："馕是真主的恩赐。"

国王宣读完答案，问阿凡提："你看他们回答得怎么样？"

"回答得不怎么样。本来很简单的问题，他们回答得一个比一个复杂，而且都没答到点子上。"阿凡提说。

"那么，你来回答一下这个问题！"国王说。

"非常简单，馕是吃的东西！"

国王觉得有理，取消了对阿凡提的处罚。

借助这个故事，我想说明的是：凡是那种想把核心价值观的内容引向过度复杂的努力，注定是不负责任而又徒劳无益的。

面对日益复杂的改革开放局面，全球化日益深化给人类带来政治文明、制度文明和多元文化的交流、交融和交锋深入展开；以经济建设为中心与可持续发展之间的矛盾日益突出；经济体制改革与政治体制改革之间的衔接配套问题日益凸显；社会阶层分化以及随之而来的利益分化，对经济发展和政治建设造成结构性压力；信息技术的快速发展和媒体舆论的开放，使人们思想文化的独立性、选择性、多样性、差异性日趋明显。

社会主义条件下的资本是一种更加高级的新型资本，造成两大阶级对抗的社会条件基本消失。作为一种社会力量，资本只能在服务于中国特色社会主义事业的历史进程中获得广阔的发展空间。可见，如果把不同社会条件下的资本不加区别地视为千篇一律的面孔，就会以对抗性的思维方式看待资本与中国特色社会主义之间的关系。

在当代中国，依据马克思资本理论研究社会主义条件下的资本整体，着力把握其运行的具体规律，为我所用，这是必须要加以解决的、极其紧迫的重大课题。[①]

郑永年指出：中国共产党有两大支柱：一是组织，二是意识形态。这两方面相辅相成，不仅支撑着党，而且也支撑着整个国家的政治制度。王长江也指出：意识形态是政党传播影响的重要工具，也是执政党实现社会控制和社会整合的一个基本手段。

习近平指出：在当代中国，我们的民族、我们的国家应该坚守什么样的核心价值观？这个问题，是一个理论问题，也是一个实践问题。

习近平介绍说：经过反复征求意见，综合各方面认识，我们提出要倡导富强、民主、文明、和谐，倡导自由、平等、公正、法治，倡导爱国、敬业、诚信、友善，积极培育和践行社会主义核心价值观。富强、民主、文明、和谐是国家层面的价值要求，自由、平等、公正、法治是社会层面的价值要求，爱国、敬业、诚信、友善是公民层面的价值要求。这个概括实际上回答了我们要建设什么样的国家、建设什么样的社会、培育什么样的公民的重大问题。

---

① 彭宏伟：《马克思资本理论视野下的中国道路》，《理论视野》，2015年11期。

为什么要区分这样三个层面？习近平解释说：中国古代历来讲格物致知、诚意正心、修身齐家、治国平天下。从某种角度看，格物致知、诚意正心、修身是个人层面的要求，齐家是社会层面的要求，治国平天下是国家层面的要求。我们提出的社会主义核心价值观，把涉及国家、社会、公民的价值要求融为一体，既体现了社会主义本质要求，继承了中华优秀传统文化，也吸收了世界文明的有益成果，体现了时代精神。

这对于我们理解社会主义核心价值观，具有重要的指导作用。

但是，如何进一步深入理解社会主义核心价值观的内容呢？这个问题立刻就变得复杂起来了。

第一节　国家层面的核心价值观

国家层面的核心价值观内容包括富强、民主、文明、和谐。单从字面意义看，这四个概念是比较容易理解的，但深入下去，这四个概念中的每一个概念都包含许多内容。

为什么把富强作为核心价值观的内容？这是因为：从历史

的视角来看，实现富强始终是人类的一个美好愿望。把富强作为社会主义核心价值观的内容，是与中国历史、与中国梦紧密相联的。

从社会主义的视角看，社会主义的本质是解放生产力，发展生产力，消灭剥削，消除两极分化，最终达到共同富裕。富强也是未来理想社会的重要标志。把富强纳入社会主义核心价值观，反映了社会主义的本质。

列宁说："我们说：每个人都希望改善自己的生活状况，大家都想过好日子，这是理所当然的，这正是社会主义。"①

从实现中国梦的视角看，"两个一百年"的奋斗目标，实际上也就是实现"富强中国梦"的奋斗目标。只有将富强纳入核心价值观，才有可能让它体现在国家、社会和公民个人的日常生活之中。

从核心价值观的结构看，富强是建设社会主义现代化国家的物质基础，没有富强观，其他价值观就无以立足。

为什么把民主作为核心价值观的内容？这是因为：民主是社会主义的本质要求和内在属性，是社会主义始终追求的理想

---

① 《列宁全集》第 34 卷，人民出版社 1985 年版，第 468 页。

和目标。社会主义理论和实践自产生之日起，就是与实现社会主义民主政治的要求紧密联系在一起的。

同时，民主是共产党的一贯追求。中国共产党 90 多年的历史，就是一部为实现人民当家做主而奋斗的历史。毛泽东在 1945 年《论联合政府》的报告中曾鲜明地指出，共产党的主张就是要废止国民党一党专政，就是要建立联合政府，就是为了粉碎美蒋的阴谋，保卫人民抗战胜利的果实，把中国建设成为一个独立、自由、民主、统一和富强的新民主国家。最重要的是，文中还提到建设工人阶级领导下的统一战线的民主联合政府的必要性与具体步骤，要放手发动群众，壮大人民力量。可以说，这是最大的民主。

为什么把文明作为核心价值观的内容？这是因为：文明是社会主义的本质要求。物质贫乏不是社会主义，精神空虚也不是社会主义。社会主义不仅要创造比资本主义更高的物质文明，而且要创造比资本主义更高的精神文明。

从历史上看，中国实际上还是处于一个以小农经济为基础的农耕文明向现代工业文明的转型过程当中。今天很多不文明的现象是农耕文明的产物或表现，而它们是和现代文明不兼容的，因此文明也是我们追求的价值目标。

文明作为价值目标，是要在吸收中国传统智慧和现代文明成果的基础上，创造一种不同于西方文明、更适于中国自己的新型文明形态。

文明要解决的是文化上的独立自主问题。新中国的成立解决了中国人政治上的独立自主，建国六十多年基本解决了经济、军事上的独立自主。把文明作为价值目标，则是为了解决精神上的独立自主问题。

物质上落后，一打就垮；精神上落后，不打自垮。

为什么把和谐作为核心价值观的内容？这是因为：虽然共产党早在十一届三中全会就放弃了“以阶级斗争为纲”，但由于历史与现实的原因，强烈的“斗争”意识仍然遗留在人们的头脑中。

当今中国社会的一些社会矛盾，比如劳工与雇主之间、民众与官员之间、不同政治理念的人之间的矛盾等，本可以通过协商或在法律框架中解决，但一些人往往采取“斗争”甚至暴力的方式解决。因此，把和谐作为国家层面的社会主义核心价值观就显得尤为必要。

和谐的真谛，不是没有矛盾，也不是力图消灭矛盾，而是用“和”的思维缓和、解决矛盾。和谐需要通过民主来实现，如果没有民主，也就不会有和谐；如果没有和谐，也就不可能有民主。民主与和谐，是人与人之间沟通的桥梁，是社会进步的阶梯。在我们的日常生活中，没有人能够脱离社会而孤立存在，我们都势必要同他人接触。现在，民主与和谐越来越多地融入人们生活。其实，民主与和谐不只是国家大事，更是每个人的生活方式，它直接反映着我们每个人的生活状态。

再深入一步，怎样理解这些概念的具体内容？我们用民主为例来说明。

民主大致可以从以下方面理解：第一，民主是指一种国家制度、国家形式。作为国家形式的民主包括两个方面，即国体意义上的民主和政体意义上的民主。国体意义上的民主，涉及的是民主与专政的关系，即在统治阶级内部实行民主，对被统治阶级实行专政。政体意义上的民主，是指居于统治地位的阶级采取何种形式组织政权，行使民主权利的问题，涉及民主与集中、权利和法律、权利和义务等多重关系。

第二，民主一般有两种含义：一种是程序的民主即制度民主，即让人民以合法形式去参与政治；一种是实质民主，即让人民享有善治的福利。

第三，民主从本源意义上讲，是一种国家事务和社会公共事务的决策方式，是与“君主做主”“官僚做主”相对而言的人民当家做主。社会主义民主，就是在社会主义公有制和按劳分配的制度条件下，以及排除出身、性别、种族，特别是金钱等影响力的条件下，让广大人民群众能够平等参与国家和社会事务管理及进行决策。提倡民主，要防止民粹主义的干扰和偏颇。

第四，民主不仅是选举民主，广义上的民主存在于多重领域。政治民主只是民主理念在政治领域的实现，民主同样存在于现代经济领域、社会领域与文化领域。

第五，自由和平等是民主政治的两种基本价值，需要做到六个方面的平衡：既要民主也要法治，既要协商又要选举，既要自由又要平等，既要效率又要公正，既要参与又要秩序，既要权利又要公益。

第六，各国民主都是与自己的历史传统和现实国情紧密结合的，研究阐释民主必须讲国别、阶段特色。中国的民主是在追求民族独立、国家富强和社会进步的长期奋斗和探索中逐步形成的。

第七，民主作为一种社会主义中国的价值观，既体现在国内事务管理中，也体现在中国对待国际事务管理的价值态度上。

如何理解民主的中国特色？

首先，中国式民主初步具备了较好的经济社会条件。民主是一系列经济社会发展所引致的政治结果，是变化了的经济关系结构和利益关系结构对于治理方式的必然要求。改革开放以来，中国建立和完善了社会主义市场经济，以公有制为主体、多种经济成分并存和共同发展的经济关系结构基本确立。随着市场经济体系的建立健全，我们的社会阶层结构发生重大变化。社会经济成分和经济利益多样化，社会生活方式多样化，社会组织形式多样化，就业岗位和就业方式多样化，使得用法治、理性、平等的方式调节社会利益关系成为必然选择。

其次，中国式民主初步具备了较好的思想观念基础。改革开放以来，中国共产党高举人民民主大旗，旗帜鲜明地从上到下倡导民主法治，形成了“人民民主是社会主义的生命”“党内民主是党的生命”等若干标志性的判断。中国的民主观念，肇始于马克思主义政治理论，体现于中国特色社会主义，但又保持了相当程度的开放性和创造性。“三个有利于”“三个代表”“以人为本、执政为民”等执政理念，成为全国上下的共识。这些观念与人们的行为结合起来，激发出了惊人的活力：对权利的重视，对权力的敏感，对人权的关注，对法治的看重等。

第三，中国式民主初步具备了较健全的制度体系。社会主义中国的确立，奠定了当代中国的基本政治制度：人民代表大会制度为根本，中国共产党领导的多党合作和政治协商制度、民族区域自治制度等为骨架。

改革开放以来，中国发展和完善了基本政治制度，并建立了基层群众自治制度。最能体现中国特色的民主政治，就是我们始终坚持和努力实现党的领导、人民当家做主、依法治国三者的有机统一。这既是中国民主政治的总原则和总方向，又是中国式民主得以成长发展的根本保障。

不仅如此，在民主政治上中国也进行了有意义的创新，比如对西方协商民主的创造性转换与运用，自上而下与自下而上相结合的“纵向民主”，民主与集中有机结合而形成的“民主集中制”，富有政治参与和政治输入意蕴的“群众路线”等，这些都是在西方民主理论视野中难以理解，但在中国现实中颇富民主绩效的制度形式。

第二节　社会层面的核心价值观

为什么把自由作为核心价值观呢？这是因为：实现人的自

由全面发展是马克思主义的价值理想，也是现阶段我国经济社会发展的基本价值目标；建设中国特色社会主义必须坚持以马克思主义为指导，必然以共产主义的最高价值——实现人的自由全面发展为指引。

中国共产党在领导社会主义革命、建设和改革的伟大实践中，一直肯定和高度重视“人的自由全面发展”对于社会主义建设的极端重要性。把“自由”作为社会主义核心价值观，具有广泛认同的现实基础。

把自由作为社会主义核心价值观，既承接了人类文明发展的共同成果和人类社会的共同价值追求，又高扬共产主义价值理想的这一旗帜，体现了中国共产党坚持最低纲领和最高纲领的有机统一、现实目标与理想目标的有机统一。

举一个关于自由的例子。一位中国人在法国读书时，他的经济学教授讲了这么一件发生在自己身上的小事：有一天晚上他在看电视，午夜新闻过后，换了几个频道没有发现有意思的节目，不觉睡意袭来，正要关闭电视回卧房休息，不料这时，传来了太太的催促声：“别看电视啦！”据这位教授回忆，当时他顿觉睡意全消。看不看电视，什么时候看、什么时候不看是我的自由，即便是夫人也不能干涉。况且，自由的阵地一旦失守，再想夺回可就难了。于是为了法国知识分子最津津乐道的独立思考和自由，这位教授硬是在电视屏幕前多撑了半个小时。

“平等，作为共产主义的基础，是共产主义的政治的根据。”①

为什么把平等作为核心价值观？这是因为：平等是社会主义的本质要求。社会主义的目标就是消灭剥削，消除两极分化，最终达到共同富裕。没有平等就不是社会主义。在社会主义革命和建设的伟大实践中，中国共产党带领人民不断追求平等，建立和完善促进平等的社会主义制度。

平等已经成为当代社会生活的必需品，对于社会成员在交往中保持心理平衡、培养主人翁意识与责任感、最大限度地维护政治制度和国家政权的稳定具有不可替代的价值。

平等是推动改革、促进发展、维护稳定的需要。平等是社会主义市场经济体制的核心实质所在，全面深化改革的一个重要目标就是要保证各种所有制经济依法平等使用生产要素、公平参与市场竞争、平等受到法律保护。社会主义市场经济体制的一个主要优势也在于通过科学的宏观调控和有效的政府治理，

① 《马克思恩格斯全集》第42卷，人民出版社1979年版，第139页。

弥补市场失灵，促进发展平衡和分配公平。

有一个关于平等的例子：美国内战期间，林肯有一次在霍尔姆斯上尉的陪同下赴前线视察。霍尔姆斯在战壕里指着远处敌军的阵地给林肯解释，但林肯偏要爬到战壕上面去看个仔细。这时，敌军突然向他们打来了一梭子弹。这可急坏了霍尔姆斯。他急忙抓着总统的手臂，把他拖下战壕，并对他大声吼道："快下来，你这个笨蛋！"但林肯在与他分手时，却温和地对他说："再见，霍尔姆斯上尉。今天能够听到你像对一个普通公民那样对我讲话，我感到非常高兴。"这个霍尔姆斯，后来成为美国著名的最高法院首席大法官。他权威阐释了美国宪法。

为什么要把公正作为社会主义核心价值观？这是因为：从社会发展过程看，社会主义初级阶段的基本国情，要求我们正视并解决公正方面存在的突出问题。

同时，公正观是马克思主义的主要内容和崇高价值追求，社会公正是社会主义的基本特征和本质体现。

再者，公正是当代中华民族精神和当今时代精神的基本内涵与重要体现。只有基于社会主义公正观，才能有效进行社会主义市场经济相适应的社会基本制度的设计安排，才能有效协调社会群体之间的利益关系，才能有效增强中国共产党执政地位的合法性。

为什么把法治作为社会主义核心价值观？这是因为：法治是人类文明智慧的结晶，甚至是人类迄今为止所能找到的最佳治理方式。社会主义法治观是对人类法治文明的继承和弘扬。

法治是我们党治国理政的经验总结。中国共产党在革命时期就在根据地进行过法治建设的积极探索，新中国成立后，逐步依靠法律手段治理国家。

法治契合国家治理现代化的要求。国家治理现代化过程本身就是一个法治化的过程。一个远离法治的国家，绝对不是一个治理现代化的国家。法治的首要特征是讲规则、讲程序，这是科学决策的重要前提。全面深化改革，必须在法治轨道上推行。法治理应成为当代中国社会的价值追求。

我们以法治为例来深入理解这些概念。在美国纽约哈德逊河畔，离美国第 18 任总统格兰特陵墓不到 100 米处，有一座孩子的坟墓。在墓旁的一块木牌上，记载着这样一个故事：1797 年 7 月 15 日，一个年仅 5 岁的孩子不幸坠崖身亡。孩子的父母悲痛欲绝，便在落崖处给孩子修建了一座坟墓。后因家道衰落，这位父亲不得不转让这片土地。他对新主人提出了一个特殊要求：把孩子坟墓作为土地的一部分永远保留。新主人同意了这个条件，并把它写进了契约。100 年过去后，这片土地辗转交易多次，但孩子的坟墓仍然留在那里。1897 年，这块土地被选为总统格兰特将军的陵园，而孩子的坟墓依然被完整地保留了下来，成了格兰特陵墓的邻居。又一个 100 年过去了，1997 年 7 月，格兰特陵墓建成 100 周年时，当时的纽约市长来到这里，在缅怀格兰特的同时，重新修整了孩子的坟墓，并亲自撰写了孩子墓地的故事，让它世世代代流传下去。

一个两百多年前死去的孩子与一位一百多年前死去的美国总统安葬在同一个陵园，在总统逝去 100 周年的纪念活动中，小孩的坟墓重新得到修缮，并由纽约市长亲自撰写孩子墓地的故事。这在中国人眼中几乎是不可能的，这种差异也构成了中美两国在法治文明程度上的巨大不同。显然，我们还有很长很长的路要走。在一个法治社会中，守法就是遵守公民的社会契约，而各个民事主体一旦与其他主体订立了契约就必须坚持一条原则：承诺了，就一定要做到。正是这种契约精神，孕育了西方人的诚信观念。

改革开放以来，我们创造了东方经济神话。但是，中国社会却处在一种信仰动摇、诚信缺失的精神散乱状态之中。造假泛滥、不重承诺已成为中国社会痼疾。党的十八届四中全会开启了发展法治中国的新征程，全面依法治国的起点就要倡导契约精神。

法治的中国特色表现在什么地方呢？

第一，共产党的领导和法治的关系。

党和法治的关系是法治建设的核心问题。在此关系上，中国共产党坚持认为：党的领导是社会主义法治最根本的保证。这是因为：党是社会主义法治的倡导者、主导者和引领者，依法治国以加强和改善党的领导为指向，社会主义法治必须坚持党的领导，这是不言而喻的。同时，作为现代国家治理基本方式的法治，是党领导人民实现中华民族伟大复兴的必然选择，党的领导必须依靠社会主义法治，这也是不言而喻的。

因此，依法治国是党治国理政的基本方略，依法执政是党治国理政的基本方式，体现的是党的领导的制度化、法治化方向，是对党的领导的强化、细化和优化，从而更加有利于加强和改善党的领导，有利于巩固党的执政地位、完成党的执政使命。从而可以说：社会主义法治愈发展，党的领导地位愈稳固；党的领导地位愈稳固，愈有利于社会主义法治的发展。

第二，共产党领导法治的具体内容。

一是领导立法。比如，加强党对立法工作的领导，完善党对立法工作中重大问题决策的程序。凡立法涉及重大体制和重大政策调整的，必须报党中央讨论决定。党中央向全国人大提出宪法修改建议，依照宪法规定的程序进行宪法修改。法律制定和修改的重大问题由全国人大常委会党组向党中央报告等。

二是保证执法。比如，建立行政机关内部重大决策合法性审查机制，未经合法性审查或经审查不合法的，不得提交讨论。建立重大决策终身责任追究制度及责任倒查机制，对决策严重失误或者依法应该及时做出决策但久拖不决造成重大损失、恶劣影响的，严格追究行政首长、负有责任的其他领导人员和相关责任人员的法律责任。

三是支持司法。比如，一方面要建立领导干部干预司法活动、插手具体案件处理的记录、通报和责任追究制度。任何党政机关和领导干部都不得让司法机关做违反法定职责、有碍司法公正的事情，任何司法机关都不得执行党政机关和领导干部违法干预司法活动的要求。同时，长期坚持政法委员会这一党委领导政法工作的组织形式。各级党委政法委员会要把工作着力点放在把握政治方向、协调各方职能、统筹政法工作、建设政法队伍、督促依法履职、创造公正司法环境上，带头依法办事，保障宪法法律正确统一实施。政法机关党组织要建立健全重大事项向党委报告制度。

四是带头守法。比如，强调党员干部是全面推进依法治国的重要组织者、推动者、实践者，要自觉提高运用法治思维和法治方式深化改革、推动发展、化解矛盾、维护稳定的能力，高级干部尤其要以身作则、以上率下。

第三节　个人层面的核心价值观

为什么把爱国作为核心价值观？这是因为：从历史的角度看，在五千多年的发展历程中，爱国主义始终是中华民族伟大民族精神的核心价值观念，是中华民族历经劫难而不衰落的力量之源。

从现实的角度看，爱国主义能将不同身份、不同背景的亿万国民熔铸成一个稳固的价值共同体，是动员各阶层人民群众团结一致实现中华民族伟大复兴中国梦的旗帜。

为什么把敬业作为核心价值观？这是因为：首先，敬业之所以能成为社会主义核心价值观的基本要求，本质上是由劳动和工作的重要地位决定的。敬业是在个人层面对“怎样建设社会主义”这一根本问题的具体回答。第二，敬业是个人实现人生价值的途径。第三，敬业是促进社会和谐的道德基础。第四，敬业把中国梦的伟大理想融入个人工作岗位中，是实现中国梦的动力之源。

马克思可谓是共产党人敬业的典范。

伦敦有个大英博物馆，是世界上规模最大的博物馆之一。博物馆里除了收藏许多珍贵文物以外，还有一间收藏着大量书籍和文献资料的图书馆，图书馆里有一间阅览室。阅览室是一间结构别致、宽敞而又明亮的大型锥体建筑，四周有环形的大书架，正中是环形的图书目录柜，从目录柜向四周伸展出一排排长桌和座椅。马克思就经常到那里去学习和写作。他每天早上 9 点钟就到阅览室里借阅书籍，做摘录，写笔记，一直到晚上 7 点钟才回家。吃完晚饭后，他又在书房里整理笔记，进行写作。

马克思在大英博物馆里前后学习了十多年，他总是准时到那里，坐在 D 行第 2 号座位上。当时英国议会出版一种“蓝皮书”，是专门发给议员们的资料。但是，饱食终日的议员先生们没有“空闲”去看这些枯燥的大部头的报告，有的议员就把它当成废纸出卖，有的议员把它当作手枪射击的靶子，根据子弹穿透的页数来测量手枪的威力。马克思却把图书馆里所有的“蓝皮书”都进行了认真研究。

马克思在读书的时候，常常情不自禁地在座位下用脚来回擦地，经过长年累月的摩擦，竟把水泥地磨去了一层，被人们称为“马克思的脚印”。

一天早晨，一位读者借了一本书正想到D行第2号座位上来阅读，图书馆的值班人员走过来说：“先生，这是马克思博士的座位，请您不要占用，他马上就来。”那个读者怔了一下，问：“就是《共产党宣言》的作者，那个工人领袖吗？”“是的。”“他每天都来吗？你确信他今天会来吗？”“请放心，多少年来，马克思博士每天都到这儿足足工作10个小时，我在这里已经20年了，我很了解这里的读者。”那位读者听了这一番话，默默地走开了。

下面这则故事，也体现了敬业精神的一面。刚在英国参加工作的李明曾碰到这样一件事情：英国人每天上午10时要休息一刻钟来喝咖啡，单位里有一位年轻的女服务员负责煮咖啡和倒咖啡。因为人多，她显得有些忙不过来，李明就主动帮她，她没有道谢反而有些不高兴。

第二天，他照例又去帮她，那位服务员对他说：“我的工作就是倒咖啡，你来帮我倒，不说明我没有能力胜任这份工作，我该被老板炒鱿鱼吗?”

在实现伟大复兴中国梦的征途中，也有着许许多多可歌可泣的感人故事，彰显着中国梦的强大生命力和感召力，传递着无限的昂扬向上的正能量。湖南临澧县有一对农民父子。父亲叫沈克泉，儿子叫沈昌健。父亲在35年前偶然发现有三棵长势非常好的油菜花，他判断其为很难得的育种材料，从此下定决心，把这三棵油菜花进行杂交培育，发誓不成功就不刮胡子，结果一直到去世还没有成功。弥留之际，父亲把儿子叫到床边，说：“油菜花的梦想要我们父子共同去奋斗，去实现。”儿子接过父亲的草帽，一头扎进田里进行科研，一家人砸锅卖铁、倾家荡产却不言放弃。35年追寻梦想，经过一千多次试验，写了23本油菜花的日记，终于培育出了产量高、油质好的优质油菜花，得到国内外专家的一致好评。这一对农民父子的追梦经历、追梦故事，就是我们网聚正能量的典范案例。

为什么把诚信作为核心价值观?这是因为：第一，诚信是公民个人的立身之本。第二，诚信也是国家、社会建设的基本要求。第三，诚信是社会主义市场经济发展的基石。市场经济是以信任为基础的信用交易活动。市场主体诚实守信，不仅能够避免逆向选择和道德风险，降低交易成本，而且能够形成合理的市场秩序，提高经济效益。第四，倡导诚信也是针对当前我国社会转型期出现的诚信缺失以及由此带来的各类社会问题。

为什么把友善作为核心价值观？这是因为：友善自古以来就是中华民族的传统美德和核心价值观念，也是我们今天应继承和弘扬的基本道德价值准则。能否以友善的态度为人处世，既体现着一个人的道德水平，也体现了一个民族素质的高低。

友善也有助于化解当前社会转型期各阶层严重分化带来的矛盾及危机，是构建社会主义和谐社会的重要立足点。

友善也体现了中华文明与西方文明的显著差异。与近现代以来西方崇尚的以“竞争”和“适者生存”为核心的社会达尔文主义价值观相比，友善更能代表当下世界的普世需求和人类历史的前进方向。

马克思与恩格斯之间的友谊，可看作是友善关系的巅峰代表。1842 年马克思和恩格斯第一次会晤，在以后的 40 年里，他们在领导国际共产主义运动的伟大斗争中，团结作战，患难与共，建立了真挚的友谊。由于革命斗争需要，他们曾身处两地近 20 年，但他们之间的关系不仅没有因此而疏远，反而联系越来越密切。他们几乎每天都要通信，交谈各种政治事件和科学理论问题，共同指导着各国的无产阶级革命运动。

马克思不仅十分钦佩恩格斯的渊博学识和高尚人格，而且对恩格斯的身体也很关心。有一个时期，恩格斯生病，马克思时时挂在心上，他在给恩格斯的信中说，他关切恩格斯的身体健康，如同自己患病一样，也许还要厉害些。

恩格斯为了“保存最优秀的思想家”，在经济上资助贫困的马克思，使其能专心致力于革命理论的研究。他违背自己本来的意愿，到父亲经营的公司中去从事那“鬼商业”的工作。当《资本论》第一卷付印的时候，马克思给恩格斯写信说：“其所以能够如此，我只有感谢你！没有你为我的牺牲，我是决不可能完成三卷书的巨大工作的。我用满怀感激的心情拥抱你。”① 恩格斯尽管做出了巨大牺牲，但他始终认为，能够同马克思并肩战斗 40 年，是一生中最大的幸福。

列宁对此赞扬说：“古老的传说中有各种各样非常动人的友谊故事，后来的欧洲无产阶级可以说，它的科学是由两位学者和战友创造的。他们的关系超过了古人关于人类友谊的一切最

① 《马克思恩格斯全集》第 31 卷，人民出版社 1972 年版，第 329 页。

动人的传说。”[①]

我们以爱国为例进行深入的思考。近代中国积贫积弱，但不以位卑忘忧国向来是中国人的爱国情怀，近代科学先驱、著名工程师詹天佑就是一个为国不计名与利的典型代表人物。他在国内一无资本、二无技术、三无人才的艰难局面面前，满怀爱国热情，受命修建京张铁路。他以忘我的吃苦精神，走遍了北京至张家口之间的山山岭岭，只用了 500 万银圆、4 年时间就修成了外国人计划需资 900 万银圆、需时 7 年才能修完的京张铁路，前来参观的外国专家无不震惊和赞叹。当时，美国有所大学为表彰詹天佑的成就，决定授予他工科博士学位，并请他参加仪式。可是，詹天佑正担负着另一条铁路的设计任务，因而毅然谢绝了邀请。他这种为国家不为个人功名的精神，赢得了国内外人的称赞。

爱国具有深厚的历史文化基础。爱国情怀在我国真可谓历史悠久。《周易》一书“明夷卦”中曾有“箕子明夷”的说法。周灭商汤之后，周武王向箕子询问殷商灭亡的原因，商纣王的伯父箕子一言不发，因为他不愿意讲自己故国的坏话。周武王

---

① ［苏］伊利切夫：《弗里德里希·恩格斯》，人民出版社 1984 年版，第 49 页。

也发觉自己失言了，就向他询问怎样顺应天命来治理国家。箕子于是便将夏禹传下的《洪范九畴》陈述给武王听，史称“箕子明夷”。周武王听后，十分钦佩，就想请箕子出山治理国事，重用箕子。但箕子早对微子说过，殷商如果灭亡了，他不会做新王朝的臣仆。周武王无奈而走。因怕周武王再次来请，箕子在周武王走后，迅速率领弟子与一批商的遗老故旧，匆匆离开箕山向东方而去，从此陵川便留下了箕子履迹的传说。

爱国情怀早已渗入中国文化之中，后来形成了对投敌卖国、当汉奸等行为所不齿的爱国理念。

今天有许许多多的中国人，喜欢看金庸先生的武侠小说，其中有一点正好暗合于中国人的国家观念，那就是爱国。在金庸先生的武侠小说中，始终弘扬着“侠之大者，为国为民”的爱国主义旋律。一部部武侠小说，实乃是一部部爱国主义教育的典范之作。

近代以来，中华民族遭受的苦难、付出的牺牲世所罕见。马克思说：“随着鸦片日益成为中国人的统治者，皇帝及其周围墨守成规的大官们也就日益丧失自己的统治权。历史好像是首先要麻醉这个国家的人民，然后才能把他们从世代相传的愚昧状态中唤醒似的。”①

据专家考证，1842 年至 1919 年主要列强逼迫中国签订的不平等条约达 709 个，主要战争赔款合计 195300 万银圆，相当于清王朝 1901 年收入的 16 倍。列强通过各种手段侵占中国领土约 173. 9 万平方公里。

历史有证可查：那美轮美奂的圆明园，被英法联军贪婪的欲火所焚烧；那几十万无辜的南京百姓，被日本军国主义用血腥卑劣的手段所屠杀。

历史不会忘记，一个辽阔而统一的神州，硬是被列强的铁蹄肆意践踏得残破不堪；一个拥有悠久灿烂文化的民族，竟然沦落到“华人与狗不得入内”的悲惨境地；一个为人类文明做出过重大贡献的国家，居然成为谁都可以欺负的弱者。

爱国具有什么样的中国特色?

第一，爱国最重要的是要热爱中国特色社会主义。社会主义制度的确立，为我国社会主义生产力的发展和社会进步提供了可靠的保证与光明的前景，集中体现着国家、民族、人民的根本利益。因此，爱国就是要爱社会主义的中国，建设中国特

① 《马克思恩格斯选集》第 1 卷，人民出版社 2012 年版，第 779—780 页。

色社会主义是新时期爱国主义的主题。

第二，爱国就是要热爱人民。中华民族的一切物质财富和精神财富，归根到底都是全国各族人民共同创造的。国家发展的终极目的也是为了人民的幸福。因此，只有热爱人民，爱国主义精神才能永葆青春、代代相传。

第三，爱国就是要维护祖国的统一。民族团结和国家统一始终是中华民族历史的主流，是中国发展进步的重要保障。因此，维护祖国统一是中华民族的核心利益，爱国就是要坚决反对国内外一切敌对势力分裂中国的企图，时刻同一切损害祖国利益和荣誉的行为进行坚决斗争。

第四，爱国就是要热爱中华民族优秀传统文化。中华民族优秀传统文化是中国特色社会主义事业的文化根基和思想支撑，热爱传统文化对于增强我们的道路自信、理论自信、制度自信，不断开创中国特色社会主义事业新局面具有重要意义。

同时，当代中国，爱国也需要进行冷静理性的思考。爱国不等于狭隘的民族主义。一方面，爱国不意味着故步自封，也要学习国外的先进经验。同时，表达爱国热情也要理性合法，坚决反对以爱国名义实施的打、砸、抢等极端民族主义行为。另一方面，热爱祖国与履行国际主义义务是相统一的。中国的社会主义是寓国际主义于爱国主义之中的社会主义，中国的爱国主义是以兼容并蓄的包容姿态寓世界和平之目标于本国社会主义现代化建设的爱国主义。因此，中华民族的爱国主义与爱整个世界、整个人类是并行不悖、紧密联系在一起的。也就是说，既要通过争取和平的环境来发展自己，又要通过自己的发展来促进世界和平。

爱国才能更好地实现个人发展。个人命运与国家和民族的命运在根本上是一致的，只有在国家之中，才可能有个人自由；只有国家发展了，个人才可能真正获得全面发展。

爱国是一个人重要的节义。日本的真木和泉评论说："节义犹如人体之骨骼，没有骨骼，头就不能端正地处于上面。手也不能动，足也不能立。因此，一个人即使有才能、有学问，没有节义就不能立身于世。有了节义，即使粗鲁、不周到，作为武士也就够了。"①

爱国具有重要的象征作用。在第一次世界大战中，有一次一名黑人少校军官和一名白人士兵在路上相遇。士兵见对方是个黑人，就没有敬礼。正当他擦身而过，准备继续向前走的时

① 李建权：《日本精神》，新华出版社2007年版，第9页。

候，忽然听到背后一个人用低沉而又坚定的声音说道："请等一下！"士兵只好站住了。黑人军官严肃地对他说："年轻人，你刚才拒绝向我敬礼，我并不介意。但是你必须明白，我是美国总统任命的陆军少校，这顶军帽上的国徽代表着美国的光荣和伟大。你可以看低我，但你必须尊敬它。现在，我把帽子摘下来，请你向国徽敬礼！"白人士兵认真地看了黑人军官一眼，终于向他行了军礼。这位黑人少校就是后来成为美国历史上第一个黑人将军的本杰明·戴维斯。

爱国还是一种天职。"将军阁下，你觉得你一个人能代表法国吗？"当时任准将的戴高乐逃亡至英国，向丘吉尔请求利用英国广播电台向法国发表一份抗战号召书时，作为英国首相的丘吉尔半开玩笑地质疑道。戴高乐的脸上出现了不快，思考了很久后，他从容地说："当然能！没有一个政府有权出卖它的国家和人民。现在，法国遭德国入侵，政府成员中只有我坚持抵抗。一旦现任政府宣布投降时，我就将代表法国人民执掌战时政权。"

爱国还需要全体人民表现出应有的气节。1812 年拿破仑远征俄国，沙皇亚历山大一世的妻子伊丽莎白在给母亲的信中说："在莫斯科，法国士兵抓住了一些不幸的农民，他们想强迫这些人留在自己的部队里服役。为了防止他们逃跑，法国人在他们的手上打上了戎装战马的烙印。其中一个农民问他们这种标志的含义，法国人告诉他，这就意味着他已经是一个法国士兵了。这位俄国农民惊呼道：‘什么？我是法兰西帝国的一名士兵?’说着，他立即拿出一把短柄斧子把打上烙印的那只手砍了下来，并扔到在场的法国士兵脚下，对他们说：‘拿走吧，那就是你们的标志。’同样也是在莫斯科，一些村民袭击了法国运送粮草的部队和正规部队的分遣队。法国人抓住了其中的20个农民，并希望用杀一儆百的方法来震慑其余的村民。于是，他们让那些农民们靠着墙站成一排，并用俄语宣读对他们的判决：如果他们求饶的话，还能活命；否则，他们将被处死。法国人开枪打死了他们中的第一个人，等待着其余的人在恐惧中向他们求饶，并答应痛改前非，但没有任何反应。于是他们就继续开枪，打死了第二个、第三个，一直到最后杀死了所有的人，也没有一个人打算向敌人乞求仁慈。在俄罗斯，拿破仑一次也没有享受到‘亵渎’给他带来的快乐。”

通过对核心价值观内容的分析和理解，可以看出，作为一种治国理政的基本手段，社会主义核心价值观具有极为丰富的内涵。而在其立场上，则又显示了非常独特的一面，那就是，作为一种在全社会培育和倡导的价值观念，它对于社会主义中国现实的政治、经济、文化、社会和生态文明的所有重要方面，所展现的既不是一种全面论证，即辩护的立场，更不是一种全盘否定，即批判的立场。它既认可目前正在做的事情，同时也提出了许多将来要做的事情；它既对现存的格局、状态和态势有维护作用，同时又提出了新的更高的要求。并且，在提出更多更新更高要求的时候，也对实际存在的社会生活进行着富有意义的调剂和抚慰作用。记住这点，对于我们理解社会主义性质的核心价值观和核心价值观的社会主义性质，具有极其重要的作用。

第五讲

抓住事物的根本

怎样理解社会主义核心价值体系的内容

谈核心价值观，不能完全脱离核心价值体系。

中共中央办公厅在《关于培育和践行社会主义核心价值观的意见》中指出：社会主义核心价值观是社会主义核心价值体系的内核，体现社会主义核心价值体系的根本性质和基本特征，反映社会主义核心价值体系的丰富内涵和实践要求，是社会主义核心价值体系的高度凝练和集中表达。这里明确指出了二者之间的正确关系。

核心价值体系与核心价值观到底是个什么关系？这个问题本来是比较清楚的，但是目前竟然模糊了起来。当前有一种非常不好的、后果也很严重的倾向，就是只讲核心价值观而不讲核心价值体系，有意淡化甚至屏蔽核心价值体系，这其实是不应该的。殊不知，这二者之间具有内在密不可分的共生关系：

价值观的强大要以价值体系的强大为支撑，因为价值观的所有内容，往深里说都可以而且必须追溯到核心价值体系那里去。没有马克思主义指导的支持，没有中国特色社会主义共同理想的基础，核心价值观为什么要建、建什么、怎么建，都会面临极大的问题，甚至成为一项不可能的任务，或者走到歪路邪路上去。再进一步说，人们对核心价值观的认可、认同与遵循，肯定要以意识形态和思想文化上的皈依为前提和基础。不能设想，一个对马克思主义、中国特色社会主义充满疑问困惑的人，会对核心价值观坦然接受、愉快奉行，而不存在任何思想上的芥蒂和疙瘩。更现实一点说，核心价值观的一个基本任务，就是维护中国共产党的意识形态安全。试图使二者成为两张皮，甚至认为此可以取代彼，都是说不过去的。

总结概括影响广大党员干部的深层次思想理论问题，重点有以下三个：为什么要坚持马克思主义的指导思想？为什么要坚持中国特色社会主义的共同理想？为什么要坚持共产主义的崇高信仰？这些问题又可以具体化为：为什么说马克思主义至今仍然没有过时？为什么说中国特色社会主义是社会主义而不是其他什么主义？为什么说共产主义不是虚无缥缈的东西？比如，既然说既要坚持又要发展马克思主义，那么马克思主义哪些地方是需要坚持的，哪些地方是需要发展的？既然说我们坚持的是中国特色社会主义，那么它的中国特色体现在什么地方，它的社会主义性质又体现在什么地方？既然说共产主义不是虚无缥缈的东西，当前哪些方面体现了共产主义，未来又将如何走向共产主义？等等。从经验来看，这些问题平时深藏于社会舆论之下，但一遇到突破口，就有可能如火山般爆发出来，对广大党员干部的思想认识造成影响甚至干扰。

毛泽东说："我们所要的理论家是什么样的人呢？是要这样的理论家，他们能够依据马克思列宁主义的立场、观点和方法，正确地解释历史中和革命中所发生的实际问题，能够在中国的经济、政治、军事、文化种种问题上给予科学的解释，给予理论的说明。"①

马克思在《〈黑格尔法哲学批判〉导言》中曾经指出："理论只要说服人，就能掌握群众；而理论只要彻底，就能说服人。所谓彻底，就是抓住事物的根本。但人的根本就是人本身。"②

这些都是必须要在阐明核心价值体系时所坚持的。

---

① 《毛泽东选集》第三卷，人民出版社1991年版，第814页。

② 《马克思恩格斯全集》第1卷，人民出版社1960年版，第461页。

马克思主义的指导思想，中国特色社会主义的共同理想，爱国主义为核心的民族精神和改革创新为核心的时代精神，社会主义荣辱观，构成了核心价值体系的基本内容。这四个方面，各有界定、各有侧重，分别是指导思想层面、共同理想层面、精神层面和道德层面。

第一节　为什么有些人一辈子搞不通马克思主义

所有搞理论宣传工作、思想政治工作的研究者，尤其是高校老师，都有一个共同的感受——马克思主义课越来越不好教了，现在学生的反思能力太强了，你先不要说他质疑或者根本不信，比如说，他会说为什么要以马克思主义为指导，别人不以它为指导不是也生活得很好吗？甚至比我们生活得更好。

这样的问题很难回答。而且作为我们党、我们国家来说，产生这样的疑问也是避免不了的。我们所要坚持的这个马克思主义，它到底为什么就必须是我们的指导思想呢？我们知道它指导中国共产党已经九十多年，将近一百年了。它给我们提供了正确的世界观和方法论，认识世界和改造世界的强大武器。

实际上马克思提供了两个重要的东西：第一个是马克思主义的基本原理，第二个是马克思主义的立场观点方法。

这两大东西是马克思主义的核心，基本原理和立场观点方法这两个东西我们把握住了，马克思主义的精髓、要义就把握住了。当然至于一些具体的论述，具体的判断，可能随着时代的变化在发生着变化。比如它预言资本主义要灭亡，但是资本主义在它预言之后很长时间内直到现在还活得很好，这到底怎么解释呢？

很多人觉得没法解释，但并不代表真正没法解释。要去研究、思考资本主义之所以能够成为今天的资本主义，没有马克思主义的话它是做不到的。为什么？因为马克思主义扮演了它的对立面这个角色。资本家们也很聪明：你不是反抗我吗？你不是要对抗这个社会吗？如果不想被你推翻怎么办呢？给你权利，给你自由，给你民主，然后把政治体制往前改。改良了之后，既可以容纳你的诉求，同时又不触动我的基本利益框架。

所以我们的教科书现在也意识到了这个问题。我们的政治学理论教材说："现在资本主义的民主形态或者是政府形态，不是资产阶级单方意愿的结果，而是在里面社会主义因素起到了很大作用。"想想这个话对不对？确实是对的。没有社会主义，没有工人活动，没有无产阶级活动，没有社会主义国家建立之后与资本主义国家的竞争，资产阶级的社会肯定不是现在的这个面貌。

在理论上，马克思主义预见了资本主义的死亡，而事实上，马克思主义提高了资本主义的抗病能力。这个历史的辩证法，怎么去领悟？

你说马克思是对了还是错了？他在那么早的时候，资产阶级社会刚刚从胚胎里诞生，刚刚萌芽的时候，就天才地预见到资本主义内部的一些深刻逻辑。只不过是后来，资本主义又把这些逻辑巧妙地转化了一下，变成了为己所用的东西。

我想不能简单地说他错了，因为这个理论的生命力就在于它解释现实。但是现实又改变了，就不是原来这个理论所能关照到的。那么新的马克思主义者，你的任务主要是什么？就要接过马克思主义的大旗，继续利用他的认知框架、基本原理、立场观点方法去继续分析这个社会，分析这个时代，提出自己的任务，提出自己发展的目标，这样的话才是一个真正的马克思主义者。

所以，有些搞马克思主义的人一辈子也搞不通。为什么？他要么钻在书本里面，始终想不通资本主义为什么会变成这个样子，始终想不通我们的社会主义怎么会搞成现在这个样子。如果你看马克思主义教科书，无论如何不能把我们今天这个社会看成是百分之百地符合经典原著的。但是这就是我们的社会主义，这就是我们今天的社会主义。

当然还有一些人书读得多了反倒变成反马克思主义者，认为马克思说的一切都是瞎话，走向反面。这样的人也有。他认为自己顿悟了、彻悟了，走了一圈实在走不通，就走向了反面。但是我们作为一个正常的、理性的、深刻的人去思考这个问题的话，我们会认为，不通是因为还有很多东西实际上没有挖掘到，没有深入进去。中央党校现在特别注重学经典、读原著，让党的高级领导干部一定要学会读经典、学原著。为什么呢？不读经典、原著，老是看一些二手货、三手货，到最后就会逐渐对马克思主义失去信心、耐心和决心。他觉得不过如此，就是这样。其实不是这样。马克思主义理论原著中包含了大量的天才思想的萌芽，你要去深入思考钻研才能体会出来。

比如《资本论》，我想很多人搞马列一辈子，没有真正通读过它。但是这里面所包含的对资本主义逻辑的分析，到今天仍是有用的，这个谁也不能否认。它作为一个教材值得学习，而且一辈子都学不完。所以不是说它的理论本身有问题，而是说我们的立场观点方法，及我们思考问题的方法，也要与时俱进。

西方人对马克思主义的认识，有的时候比我们还深刻一些。比如千年之交时，他们将马克思评选为最伟大的思想家。千年以来最伟大的思想家，这肯定是没有问题的，因为从来没有哪一个思想家、哪一个理论家的学说能够对我们现在的社会产生这么深刻的影响。它曾经把世界分化成了两个世界；资本主义阵营和社会主义阵营。所有的其他哪一个哲学家，像康德、黑格尔的理论，都没有这个威力，只有马克思主义有。

路透社对马克思主义的点评很到位：在过去的一个多世纪里，对全球的政治经济思想产生了深刻的影响。实际上不光是政治经济，还有社会、生活、文化价值取向各个方面。马克思主义是不能简单否定的。

比如《共产党宣言》，很短、很薄，但是它里面包含的全球化、资本主义全球霸权的思想，到今天都可以认为是有天才预见性的，它提前一百多年预见到了世界上的任何旧势力都不能够阻挡资本主义全球扩张的进程。到今天，这个遇见一步步成为现实，而且在进一步深化。

更重要的是，如果我们换个角度看《共产党宣言》，其实能够看出更多的东西。比如，如果我们从现代社会运行规律和现代国家治理的角度来看，那么它实际上揭示了如何克服资本主义带来的不良后果，如何驯化资本主义，如何治理现代国家这样的重大主题。

它说："由此可见，现代资产阶级本身是一个长期发展过程的产物，是生产方式和交换方式的一系列变革的产物。"① 这启示我们：资本主义难以消灭，但必须被驯服。

它说："无产阶级将利用自己的政治统治，一步一步地夺取资产阶级的全部资本，把一切生产工具集中在国家即组织成为统治阶级的无产阶级手里，并且尽可能快地增加生产力的总量。"② 这启示我们：无产阶级占据统治地位后，应当采取强有力的措施对资本主义进行驯化。

共产主义不就是代表着驯化资本的最高境界吗？它以透彻鲜明的笔调叙述了一个新的世界观，用历史唯物主义正确揭示了人类社会的发展规律、资本主义的发展规律以及共产主义社会的本质。从国家治理的角度看，它所揭示的现代社会冲突、现代国家统治以及现代社会运动规律，对于我们推进国家治理

① 《马克思恩格斯全集》第4卷，人民出版社1958年版，第467页。

② 宋士昌：《科学社会主义通论》第1卷，人民出版社2004年版，第273页。

体系和治理能力现代化具有重要意义。

《金枝》的作者弗雷泽说，当人类的思维之舟“从其停泊处被砍断缆绳而颠簸在怀疑和不确定的艰难之海”时，他们会感到痛苦和困惑。只有一种方式可以抹平这种痛苦，消除这种困惑，那就是，思维之船必须重新进入一种“新的信仰体系和实践的体系中”。

一种革命的学说变成建设的学说，一种抗争的学说变成和谐的学说，其间所蕴含的政治智慧和理论智慧，是常人难以揣知的。

学会马克思主义的立场观点方法，才能比较有底气地直面一些思潮的冲击。在这里我们举个例子：新自由主义。它有一个很核心的观点就是要私有化，或者是全盘私有化。要是碰见国际金融危机这种情况的话，如果没有大国企作为一个基本体系的支撑，国家有可能就垮了。就像很多拉美国家、非洲国家，它自己没有一个完整的工业体系和国民经济的基础体系，一旦外面有风吹草动，比如说一旦国际金融资本抽走，这个国家马上就会陷入瘫痪。

中国没有盲目地这么做，我们把一些行业进行了市场化，但是属于基础地位的和自然资源的部分始终没有放手，现在来看是对的。当然这个也有争议，说没有效率，影响了社会公平。这个可能因素不是说完全没有，但是从国家整体安全考虑，国有企业的存在是非常重要和必要的。

其实像美国这种国家，它无所谓国有企业，但是很多企业实际上确确实实扮演着国有企业的角色，比如说波音公司。波音公司不光生产商用飞机，它更大程度上生产美国的战斗机、远程轰炸机这些东西。它服务于美国国家战略，你说它是私企还是国企？它借助于议会政治的财团控制，只是没有国企这个名称而已。它跟政府合作得很好，跟国防部就是一体化的。再比如，航空航天制造商像洛克西德·马丁公司，如果没有国防部的订单，就没有办法生存。

大家不要小看这些思想，有一些很奇怪的思想经过复杂的理论推演之后，变得好像很合理。所以我们提倡“两个坚定不移”“两个绝不含糊”，一个客观的态度就是既要坚持，又要发展，不是简单地坚持，也不是毫无目的地去发展。

马克思主义过时了吗？

说起这个话题，我们都有一种莫名的迷惘，甚至沉重的忧虑，因为这是一个非常深刻的现实问题。

说这是一个深刻的现实问题是因为，放眼当今世界，与过去的时代相比，公开表示信仰马克思主义的人变少了，世界上奉马克思主义为指导思想的国家变少了。

于是，人们不禁要问：这是不是意味着马克思主义过时了呢？如果没有过时的话，应当怎样解释这些现象呢？

当然，许多人能够从理论的层面给出解释，许多解释也是有说服力的。关键是，如果不能找到正确对待现实问题的正确态度，理论的解释再完美也是不够的，甚至越完美听起来越像说空话。

置身于当今中国的我们，对于这一困惑，更加感同身受。

细细梳理马克思主义在当代中国的困境，对于马克思主义的责难，大体上有这么些论调：

一种可以称为“无用论”。这种观点认为，马克思主义仅仅是一种意识形态的说教，是一种政治的教义，而不是科学严格的社会科学理论。它仅仅在进行政党组织和社会动员的时候，才是有用的。除此之外，没有可以用来指引经济社会发展的“指导作用”。取而代之的，必将是自由市场、公民社会、宪政民主等理论。

一种可以称为“过时论”。这种观点认为，马克思主义诞生之初所观察和分析的时代社会状况，到今天已经发生了翻天覆地的变化，资本主义社会已经不是马克思所看到的那个资本主义社会，社会主义社会也已经不是马克思所设想的那个社会主义社会，巨大的社会变迁使得马克思主义的观察和分析失去了科学的价值。准确地说，它过时了。

第三种可以称为“有害论”。这种观点认为，马克思主义在历史上的作用不可忽视，但它所强调的“阶级斗争”等理论，仅仅在革命时代是有用的。在一个以建设为主题的时代，倡导马克思主义这样一个“革命”理论，非但无益，甚至是有害的，有害于社会治理和政权安全。

如何回应这些对于马克思主义的责难和质疑呢？当现实看起来越来越脱离马克思主义所能驾驭的范围时，马克思主义是否一定意味着衰落呢？或者我们是否需要进行重新理解和阐释这一理论本身呢？

让我们先看看历史吧！

马克思主义诞生170年来，围绕着它是否有用、有什么用的争论始终没有停止过。认同马克思主义的人，认为它为解决现代社会的难题提供了科学答案，从而奔走呼告、四处传播，甚至不惜献出自己的生命；反对马克思主义的人，认为它所提供的解决现代社会难题的方法是错误的，同样也是激烈地反对它、否定它，甚至动用暴力压制迫害信奉它的人。对此，历史已经证明，马克思主义非但没有被压垮、销声匿迹，反而成就了大批国家，使得这些国家快速地从贫困落后、愚昧无知的状态中挣脱出来，建立了独立的国家政权，为国家经济社会发展奠定了坚实的政治前提和制度基础。

问题的关键在于，有人会说，我们并不否认马克思主义在历史上的地位和作用，我们谈的是现实，在现今的中国，怎样回应对于马克思主义的质疑和责难？

一个简单而粗暴的办法，就是放弃马克思主义。然而，马克思主义是可以轻言放弃的吗？

历史地看，马克思主义的立场、观点和方法，以及它的一整套话语体系，已经深深熔铸于当今中国政治经济社会生活的方方面面。放弃马克思主义，无异于自我解除精神武装，除了在思想上束手就擒、坐以待毙之外，还能有什么结果呢？

现实地看，马克思主义关于社会主义建设的论述、关于公有制经济的论述、关于共产党领导权的论述等，构成了中国特色社会主义建设的强大支撑力量。抽去马克思主义，无异于抽掉了国家建设和社会发展的根基，中国还拿什么立基于当今时代呢？

未来地看，马克思主义关于资本主义社会的鞭辟入里的批判，以及关于未来社会的天才而美好的构想，为当今中国科学对待包括资本主义国家在内的外部世界，科学构想未来发展愿景，提供了强大的思想武器。借助于这一思想武器，当今中国获得了强大的思想主动性、自信和力量。试问，除了马克思主义之外，还有哪一种理论能够具有这样的作用呢？

于是，一方面，我们必须把马克思主义从现实的困境中解脱出来，另一方面，这种解脱还不能用简单的、粗暴的办法。

那么，用什么样的办法好呢？

我们给出的办法是，讲新时代的马克思主义，讲21世纪的马克思主义。

实际上，一部马克思主义发展史的历程，就是一部不断讲出新时代马克思主义的过程。就马克思自身而言，他的思想就经历了一个不断深化的过程，以至于马克思曾不无深意地说："我不知道什么是马克思主义者，我只知道我自己不是马克思主义者。"[①] 而恩格斯在马克思去世后，又对马克思主义进行了许多有益的发展。

---

① 《马克思恩格斯选集》第4卷，人民出版社1995年版，第691页。

更有意义的是，列宁对待马克思主义的办法、毛泽东对待马克思列宁主义的办法、邓小平对待马克思列宁主义和毛泽东思想的办法，为我们讲述21世纪的马克思主义提供了非常多的可借鉴的方法。列宁的“一国胜利论”、毛泽东的“农村包围城市”道路、邓小平的建设有中国特色的社会主义理论，既坚持了马克思主义的立场、观点和方法，又结合新的时代条件予以发展，讲出了马克思主义的新话，从而反过来赋予马克思主义新的时代力量。

不抛弃，不放弃，讲新话，走新路，这就是我们对待马克思主义的正确态度和方法。

于是，问题的关键就变成了：如何采取正确的态度和方法讲出21世纪的马克思主义？

我们的答案是：

擦亮马克思主义利器。

用马克思主义的分析视角和科学方法，进一步观察和思考当今世界，特别是对于当今资本主义世界的新变化、发展中国家的新变化和当代中国的新变化，给出科学合理的分析解释。应当看到，在观察和思考当今世界方面，马克思主义视角之犀利、方法之科学，至今仍无出其右者。

比如，从某些发达资本主义国家看，它们在本国范围内貌似克服了马克思主义所指出的资本主义难题，而实际上，它们是对本国采取某些带有社会主义性质的措施才解决了这个难题。而之所以它们能够对本国采取这些带有社会主义性质的措施，是因为它们在世界范围内转移了本国的矛盾和弊病。从全球范围看，资本主义的难题非但没有克服，反而放大了。

更新马克思主义话语。

话语不是语言本身，而是语言在一定时空背景中有策略的运用。也许我们不得不承认，我们坚持马克思主义的立场、观点和方法，并不意味着我们一定要通过固守马克思主义传统话语的方式来坚持它。实际上，把新的话语、新的词汇、新的表达方式引入到马克思主义的经典话语殿堂中，从而用新的时代话语讲述马克思主义，使之更接地气，这既是马克思主义时代化之必需，又是对马克思主义的重大理论贡献。

比如，习近平总书记通过“中国梦”一词，再一次打开了共产党人思想的闸门，借助于中国梦这个话语通道，进一步激活了中国共产党的现实想象力和思想创造力。谁能说，这不是对马克思主义的一个重大贡献呢？

畅想马克思主义未来。

仔细阅读马克思主义经典作家关于未来社会的设想，我们可以确定无疑地说，如果马克思本人生前进入了互联网时代，他一定为之欣喜若狂，因为他所预见的生产力极大发展、物质产品极大丰富、社会交往充分有效的条件，在现今的互联网、大数据时代找到了实实在在的支撑。从这个意义上，马克思主义是一个伟大的关于未来的理论，时代越发展，马克思主义者越应该为之欢欣鼓舞。

比如，如果说马克思所设想的“计划经济”在过去的时代曾经被无数个自由主义经济学家批判得一无是处的话，那么，这些自由主义经济学家统统没有想到，大数据时代的到来，使得马克思所设想的计划经济获得了新生的机会。“计划经济”这样一个曾经使得苏联、中国等国家在贫困落后的条件上快速赶超其他国家的经济制度，或许将在大数据的浪潮中进一步发挥重大的作用。还有什么比这更令人拍案惊奇的吗？

如果实现了这三项任务，那么，马克思主义就一定与新的时代更加密切地联系在一起了。

那么，让我们再一次思考：马克思主义过时了吗？

答案不言自明。孔子说："人能弘道，非道弘人。"[①] 只要我们能够讲出一个21世纪马克思主义的好故事，马克思主义就永远不会过时，过时的只是那些看待马克思主义的老眼光而已。

怎样正确对待和运用马克思主义？

从解决问题的角度看，马克思主义对资本主义的分析，至今仍无出其右者。当代中国尽管搞的不是资本主义，但有资本的要素和资本的逻辑，同样需要"驯化资本""驯服资本"，马克思主义提供了最锐利的武器。

从捍卫国家利益的角度看，马克思主义对社会主义的设想，比如政党制度、国企制度等，为作为发展中国家的中国提供了捍卫国家利益的强大思想基础。

从高举旗帜的角度看，老祖宗不能丢，这是一面旗帜，凝聚人心和力量的旗帜，同时，不能要求一百多年前的老祖宗为当前问题提供现成的答案，那是懒汉思想。自己不争气，不能怪老祖宗没留下好东西。

---

① 《论语·卫灵公第十五》。

第二节　续写一篇大文章

邓小平说社会主义初级阶段结束之后，也就是到2050年左右，我们建国100周年的时候，我们可能会基本实现现代化，走出社会主义的初级阶段。但是我们巩固这个社会主义还要多长时间呢？这是邓小平的原话：几代人，十几代人，甚至几十代人。不要说几十代人，十几代人是多少年呢？一代人是多少年？原来是20年，现在是30年，十几代人是三四百年了。

所以说中央是很清醒的，对共产党来说，最高理想是实现共产主义，但是我们得有自己的阶段性理想。这属于我说的愿景问题。如果没有愿景，就像我们过去宣传的那样，老是讲共产主义怎么好，共产主义如何如何，却老实现不了，而且看不到一点一点靠近的希望。这样的话，长久宣传出来，大家说你讲的是虚的，这是骗我，就不相信了。

现在我们说中国特色社会主义共同理想，我们从20世纪80年代国民经济一点点增长，老百姓物质生活水平一点点提高，这样我们说的中国梦不是虚的，而是实实在在的。比如十多年前，手机还不普遍，但是现在人手一部手机，甚至有些地区平均下来人手要两部手机。以前电脑是黑白屏，现在超极本都来了。十年前你根本都想象不到，互联网的到来使社会发生了如此巨大的变化。确实我们在提高、进步、增长，这样的话大家就信了，这样的话大家就愿意跟你走。所以这既是一个宣传策略，实际上也是一个符合社会规律的东西。这是中国特色社会主义的共同理想。

习近平讲：没有理想信念我们共产党人就会缺钙，如果缺钙大家都知道会得软骨病，没有一种心劲，没有一种韧劲，工作状态出不来，精神状态出不来，对社会主义的信心、决心出不来。这个比喻是很好的。其实，目前有一些流行的态度，或者关于理想的态度，普遍存在于“90后”或者在校大学生等一些群体中：没有理想；即使有，这个理想也很现实，比方说毕业找个好工作、结婚、生子，“农妇、山泉、有点田”。这些很实际的、现实的理想，在我们看来是构不成理想信念的理想。

所以，要建设我们的价值体系，就要把握理想的规律。既要给人一点理想，同时这种理想又不能够遥不可及，这就是我们的治国理政者、我们的政治家们所要思考的。不能许空头支票，要有一个预期可以兑现的东西。

科学社会主义在近代中国从多项选择之一成为单项选择之唯一，是社会运动规律的必然体现。选择以马克思主义为指导思想，选择以共产主义为理想，选择社会主义为奋斗目标，是近现代中国历史发展的必然结果。近现代中国实现民族独立、人民解放和国家富强、人民富裕的基本主题，迫切实现从传统到现代转型的基本要求，积贫积弱、发展落后的基本国情，从根本上决定了只有社会主义才能救中国。

中国革命的胜利和社会主义制度的确立，奠定了当代中国一切发展进步的政治前提和制度基础。在落后条件下搞社会主义建设，一无成熟理论为指导，二无成功经验可借鉴，必然要付出种种代价，出现种种失误与挫折。但是这也启迪着后来者，在中国进行社会主义建设，必须要走出一条充满探索和开创精神的新路，找准社会主义与中国实际的恰当结合点，实现二者的有机融合、相互贯通，把“在中国建设社会主义”命题落实为“建设中国的社会主义”命题。

由此可以看出，中国特色社会主义是社会主义在中国发展演变的必然结果，是社会主义中国的必然选择，是在改革开放新时期对社会主义革命和建设历史任务继承和发展的必然结论。

为什么生产发展了而社会中的大多数人的境况变得更差了？

这就是社会主义最根本的追问。让社会的发展进步有利于社会中的大多数人，这就是社会主义的根本精神。让社会的发展进步惠及社会中的大多数人，这就是一个根本的社会主义者的立场。

如何对待中国特色社会主义，是改革开放以来历任党的最高领导团队都必须直面的首要问题。对于中国特色社会主义这项伟大事业，当前主要的思路包括：

一是为中国特色社会主义追根溯源，阐明其渊源是深厚的。习近平认为，从理论发展的脉络看，中国特色社会主义是社会主义思想经由多次流变而在中国大地上绽放出的理论之花。

从空想社会主义产生和发展到马克思、恩格斯创立科学社会主义理论体系，到列宁领导十月革命胜利并实践社会主义，到苏联模式逐步形成，到新中国成立后中国共产党对社会主义的探索和实践，再到做出进行改革开放的历史性决策、开创和发展中国特色社会主义，其间的理论脉络是清晰的。

从历史发展的脉络看，中国特色社会主义是近代以来中国社会发展的必然选择，是历史和人民的选择。中国特色社会主义承载着几代中国共产党人的理想和探索，寄托着无数仁人志士的意愿和期盼，凝聚着千千万万革命先烈的奋斗和牺牲，凝聚着全国各族人民的奋斗和实践。因此，习近平指出："中国特色社会主义，是科学社会主义理论逻辑和中国社会发展历史逻辑的辩证统一，是根植于中国大地、反映中国人民意愿、适应中国和时代发展进步要求的科学社会主义。"①

二是为中国特色社会主义定调定性，阐明其性质是明确的。对于近些年来国内外不断有舆论提出中国现在搞的究竟还是不是社会主义的疑问，习近平指出："我们党始终强调，中国特色社会主义，既坚持了科学社会主义基本原则，又根据时代条件赋予其鲜明的中国特色。这就是说，中国特色社会主义是社会主义，不是别的什么主义。"②

在当代中国，最能体现科学社会主义的基本原则的，就是中国特色社会主义道路、中国特色社会主义理论体系、中国特色社会主义制度的有机结合，三者共同构成中国特色社会主义的明确内涵。中国特色社会主义是实践、理论、制度紧密结合的，既把成功的实践上升为理论，又以正确的理论指导新的实

① 习近平总书记在学习贯彻党的十八大精神研讨班开班上的讲话。《人民日报》2013年11月6日。

② 习近平总书记在学习贯彻党的十八大精神研讨班开班上的讲话。《人民日报》2013年11月6日。

践，还把实践中已见成效的方针政策及时上升为党和国家的制度。所以，习近平说："在当代中国，坚持和发展中国特色社会主义，就是真正坚持社会主义。"①

三是为中国特色社会主义定制定型，阐明其方向是清晰的。与改革开放以来的历届党中央面临的任务不同的是，以习近平同志为总书记的党中央面临着推动中国特色社会主义更加成熟定型的历史性任务。

马克思主义必定随着时代、实践和科学的发展而不断发展，不可能一成不变，社会主义从来都是在开拓中前进的。中国特色社会主义也并不是一个已经完全成熟的结论，而是一个前无古人的伟大创举，它始终表现出在改革开放和社会主义现代化建设事业中不断丰富深化的鲜明特征。对此，习近平总书记有着清醒的认识："发展中国特色社会主义是一项长期的艰巨的历史任务，必须准备进行具有许多新的历史特点的伟大斗争。"②坚持和发展中国特色社会主义是一篇大文章，"现在，我们这一

---

① 《习近平总书记系列重要讲话读本》，学习出版社、人民出版社 2016 年版，第 25 页。

② 《中国共产党第十八次全国人民代表大会报告》，《人民日报》2012 年 11 月 9 日。

代共产党人的任务，就是继续把这篇大文章写下去。坚持马克思主义，坚持社会主义，一定要有发展的观点”[①]。

第三节　人总是需要一点精神的

中华民族作为一个民族在世界上能够生存发展这么多年，能够绵延不绝，靠的主要是文化和本民族独有的精神，包括热爱祖国、勤劳勇敢、爱好和平、自强不息等。

中华民族是很有特色的一个民族，它是世界上唯一没有中断，但是同时又向着现代社会大步迈进的民族。世界上没有一个国家有这么一段历史。

比如，法国、英国，他们追溯到中世纪历史就断了，他们只是在中世纪后期慢慢地通过国王、联姻才建立起来的国家。只有中华民族的文明是绵延不绝的，里面肯定有很多因素，只是我们可能没有认识到、没有意识到，但是确实有值得我们传

① 《毫不动摇坚持和发展中国特色社会主义在实践中不断有所发现有所创造有所前进》，《人民日报》2013 年 1 月 6 日。

承的东西。所以为什么要讲传统，弘扬传统，是有道理的。

民族精神是一个民族在长期的历史进程中积淀的价值观念和价值追求，是一个民族赖以存在和发展的核心和灵魂。一个民族若没有坚定的民族精神，便不可能立足于世界民族之林。

在五千多年的历史中，中华民族形成了以爱国主义为核心的伟大的民族精神。屈原、岳飞、文天祥、郑成功等留下了可歌可泣的爱国主义英雄事迹。民族精神薪火相传，植根于中华五千年的历史之中，鼓舞一代又一代中华儿女为了国家前赴后继。

列宁说：爱国主义是由于千百年来各自的祖国彼此隔离而形成的一种极其深厚的感情。我们所讲的爱国主义，作为一种体现人民群众对自己祖国深厚感情的崇高精神，是同促进历史发展密切联系在一起的，是同维护国家独立和广大人民的根本利益密切联系在一起的。

在现阶段，爱国主义主要表现为献身于建设和保卫社会主义现代化的事业，献身于促进祖国统一的事业。邓小平指出："中国人民有自己的民族自尊心和自豪感，以热爱祖国、贡献全部力量建设社会主义祖国为最大光荣，以损害社会主义祖国利益、尊严和荣誉为最大耻辱。”[①] 这是对我国现阶段爱国主义特征的精辟概括。

爱国主义是一个历史范畴，在社会发展的不同时期有着不同的内容和特点。97 年前爆发的伟大的五四运动，鲜明地贯穿着彻底的不妥协的反帝反封建爱国主义主题，表现了中华民族的新觉醒。革命青年喊出了“外争主权，内惩国贼”的口号，他们为救亡图存、振兴中华而奔走呼号，奋不顾身，表现出了高尚的爱国情操和大无畏的革命英雄主义，为伟大的爱国主义注入了争取民族独立和人民解放的新的时代主题，注入了爱国、进步、民主、科学的新的时代内涵，为中华民族的爱国主义精神树起了一座新的丰碑。

在中国共产党领导的革命和建设中，更涌现出许许多多实践爱国主义精神的光辉典范。无数共产党人用血肉和意志凝聚成的井冈山精神、长征精神、延安精神、西柏坡精神、大庆精神、雷锋精神、抗洪精神、抗震精神等，都是中华民族英勇奋战、百折不挠、自强不息的爱国主义精神的生动写照。中华民族爱国主义的共同精神财富，构成了我们建设社会主义现代化

---

① 《邓小平文选》第 3 卷，人民出版社 1994 年版，第 3 页。

的巨大精神动力。

再一个就是改革创新精神。主要是改革开放以来，在我们国家形成了一种精气神：勇于改革、敢于创新、敢于拼搏等。

有些人认为，摸着石头过河不是一个好词，这个词太保守了。我们都知道摸着石头过河是邓小平著名“猫论”里的“摸论”。后来细看《邓小平文选》，发现不是这样子的。摸着石头过河，首先是求新，其次才是求稳。邓小平在什么场合、在什么状况下说摸着石头过河？他是在改革难以推动、利益阻碍最大的情况下说“我们要摸着石头过河”。首先我们要闯出去，如果有问题、有错误我们再改回来，所以首先强调你要敢闯，敢创新，而不是小心翼翼地不敢过河。而且目的是要过去，不管怎么样都要过去：首先我看准了要过河，然后我才摸。我不能光说我要过河，就是不去搭桥，不去下水。所以不能说一强调摸着石头过河就都不敢过河了，这个肯定不是我们改革创新的态度。

改革创新是新时期的鲜明特征，改革创新精神是新时期宝贵的精神财富。

人总是需要一点精神的，一个国家和民族更是这样。没有人的精神的有力支撑，就没有全民族精神力量的充分发挥，一个国家、一个民族就不可能屹立于世界民族之林。

改革创新始终是激励我们在时代发展中与时俱进的精神力量。三十多年来，从农村改革的兴起，到深圳等特区的创立；从社会主义市场经济体制的发展，到中国特色社会主义多项事业的开拓，改革创新精神激荡神州，造就了历史的巨变，成就了今天的中国。改革没有完成时，站在新起点上的中国，无论是冲破思想观念障碍，还是打破利益固化藩篱；无论是破解发展难题，还是释放改革红利，都需要继续发扬改革创新精神，逢山开路、遇水搭桥，迈过沟沟坎坎，越过发展陷阱，才能赢得更加光明的前景。

第四节　做坏人坏事甚至有人鼓掌

从理论上说，伦理里面有荣辱观、是非观、幸福观等，荣辱观只是伦理道德里面其中的一部分。荣辱观首先得有是非观，这个是根本的。要判断这个东西是对还是错，其次才能是光荣还是羞耻。

原来的价值观很推崇的东西，当今社会都认为落后了、老土了、没有意义了、傻了。在东南沿海相对发达的村镇，丈母娘找女婿有一个共同点，她们特别喜欢问：这个小伙儿会不会打麻将？北方的小伙子不明就里一般会说不打麻将，于是遭到丈母娘的嫌弃。因为她们觉得，不打麻将的人第一肯定是没有钱，第二太老实。她们认为打麻将是钩心斗角、聪明算计的智慧，是一种高级的智力游戏，所以不会打麻将成为一个人很大的缺陷。

除此之外，还有一些反面的、负面的东西，把我们的荣辱观、是非观颠倒了。在一个是非颠倒的年代，你做好人好事不被理解，做坏人坏事甚至有人给你鼓掌，这样的话就麻烦了，一个社会就很难正常运行下去。比如见义勇为，被救的那个人找不到肇事者，就说是见义勇为的这个人干的，要见义勇为的人赔他钱。比如有的人去当官的家里偷钱，结果被抓个现行，人们反倒说他是民族英雄。无论如何，偷窃的人肯定不是英雄。这样一个价值观颠倒的情况众多的社会该何去何从？

现在年轻人的荣辱观、是非观一旦颠倒，整个社会都会感到头疼，做父母的更甚。假如你有教育孩子的经历，就会发现：如果在价值观念层面没有共识的话，这个孩子是很难管的。如果长期放任这种价值观的分离，到最后你会发现你制造出来一个内部的敌人。所以，什么是对，什么是错，什么是荣，什么是辱，这个一定要鲜明地指出。

核心价值体系四个方面的内容，按照权威的界定是相互联系、相互贯通的，共同构成辩证统一的有机体。它是怎么样联系和贯通的呢？“理论”指的是马克思主义，“理想”是中国特色社会主义，“精神”是两种精神，即民族精神和时代精神，“道德”就是荣辱观。把理论界定为灵魂，理想界定为主题，精神界定为精髓，道德界定为基础，这样核心价值观就成了一个严密的体系。

据一些专家学者反映，核心价值体系太长，不好记，能不能像西方的自由、平等、民主、人权那样精炼出来，易行、易记，好操作、好宣传。经过长期的调研、实践，党的十八大后提出在国家层面倡导富强、民主、文明、和谐，在社会层面倡导自由、平等、公正、法治，在个人层面倡导爱国、敬业、诚信、友善。

这样说很巧妙、很艺术，它不是将这些词语界定为核心价值观，而是说我们倡导这些东西。24 字词语后紧接着一句话：积极培育社会主义核心价值观，这是对核心价值体系的一种深化、丰富和完善。

著名政治学家赵宝煦教授曾说："中国政治学必须为建设有中国特色的社会主义事业服务，这是天经地义的事。但是政治学只能靠坚持自己的科学性来为现实服务。如果只知唯上唯书，不能摆脱现实政治的干扰，甘做氢气球随风转，则它本身就便成为伪科学。用伪科学服务于现实政治，不仅于事无补，而且会大帮倒忙。"①

学术界阐释核心价值观也好，阐释核心价值体系也好，必须牢记这点。

① 赵宝煦：《中国政治学百年历程》，《东南学术》，2000 年第 2 期。

第六讲

自我编织的符号动物

怎样培育和弘扬核心价值观

怎样让先进的价值观渗透到人们的内心深处，是一个比让卫星上天、潜艇入海还要难的任务。

我们来看一个立雪断臂的故事：

传说达摩渡江到少林寺以后，在南京讲经说法的神光，历尽千辛万苦，想方设法，终于渡过长江，追赶达摩到达了少林寺。神光到少林寺以后，一心一意拜达摩为师，向达摩求教。达摩以前在南京雨花台会见神光时，神光傲气十足，极不谦虚。现在神光提出向达摩求教，达摩不知他有无诚心，便婉言拒绝。神光并不灰心丧气，仍步步紧跟达摩。达摩在洞里面壁坐禅，神光就合十侍立其后，精心照料，形影不离。神光跟随达摩九年之久，对禅师的一举一动，真是心悦诚服。达摩离开面壁洞，走下五乳峰，回到少林寺，料理日常的佛事活动，神光就跟随师父从山洞回到寺院。

时值寒冬，达摩在后院达摩亭坐禅，神光依旧矗立在亭外，合十以待。谁知天有不测风云，夜晚达摩入定以后，鹅毛大雪铺天盖地压了下来。不一会儿，积雪逾尺。这时，大雪淹没了神光的双膝，他浑身上下好似披了一层厚厚的毛茸雪毯，但是神光仍然双手合十，兀立不动，虔诚地站在雪窝里。第二天一早，达摩开定了，走到门口一看，神光还在雪地里站着。达摩问道："你站在雪地里干什么？"神光答道："向佛祖求法。"达摩沉思片刻说："要我给你传法，除非天降红雪。"神光解意，毫不犹豫地抽出随身携带的戒刀，向左臂砍去。只听"咔嚓"一声，一只冻僵了的胳膊落在地上，鲜血飞溅，染红了地下的积雪和神光的衣衫。不料这虔诚的刀声穿云拨雾，飞报西天，惊动了佛祖如来。佛祖随手脱下袈裟，抛向东土。霎时，整个少林，红光笼罩，彩霞四射，鹅毛似的大雪片被鲜血映得通红，纷扬而来。神光放下手里的戒刀，弯腰拿起鲜血淋漓的左臂，围绕达摩亭转了一圈，仍侍立于红雪之中，亭周围的积雪也被染成红的。此情此景，达摩看得一清二楚。他感到神光为了向他求教，长期侍立身后，今又立雪断臂，原来的骄傲自满情绪已经克服，信仰禅宗的态度虔诚。遂传衣钵、法器于神光，并为其取法名“慧可”。

慧可断臂以后，表现出高度的刚毅。他忍受着剧烈的伤痛，双膝跪在雪窝里，用仅有的右手，恭敬地接了“法”，顶礼拜谢而退。从此，慧可就接替了达摩，成为少林寺禅宗的第二代，世称“二祖”。

关于二祖断臂求法，古人有诗云：

众口销金唤祖师，而今悔不慎当时。

当时早荐浑仑底，未肯求人断一肢。

如果我们培育社会主义核心价值观，能有立雪断臂这样的精神该有多好！

德国哲学家卡西尔将人定义为“符号的动物”。他说：“人不可能生活在一个单纯的物理宇宙之中，而是生活在一个符号宇宙之中。语言、神话、艺术和宗教则是这个符号宇宙的各部分，它们是织成符号之网的不同丝线，是人类经验的交织之网。人类在思想和经验之中取得的一切进步都使这符号之网更加精巧和牢固。”[①] 我们培育核心价值观，就是要使得这个符号之网在我们自己身上更加精巧和牢固。

① ［德］卡西尔：《人论：人类文化哲学导引》，上海出版社 2013 年版，第 43 页。

"所以，秩序、法律、戒命等等，对于那些不理解更好的东西，不知道也不察觉别的东西的人来说，只是一种训诫；于是就制定了所有的法律和秩序。完美的人同那些不理解不知晓别的更好的东西的无知者一起接受这些法律，同他们一起实行这些法律，其目的是借此使他们免走邪恶的路，或者如果可能的话，把他们带到某种较高的境界。"①

一个社会的核心价值观，并不是官方和精英们为公众的主观"立法"，公众也不是被动地接受某种核心价值观，而是在日常生活和实践的基础上自觉创造核心价值。只有通过公众参与的实践活动，才能把核心价值观从由上而下的概念化进程转变为由下而上的践行和升华进程，从而为核心价值观的生成奠定坚实的生活基础。

那么，怎样培育核心价值观呢？

---

① J·伯恩哈特编：《日耳曼神学》（纽约，万神殿出版社，1949）第159页。转引自：[美] 彼得·贝格尔著：《神圣的帷幕——宗教社会学理论之要素》，高师宁译，何光沪校，上海人民出版社1991年版，第117—118页。

第一节　用“有意思”的事呈现“有意义”的理

培育核心价值观跟搞经济建设不一样，经济建设上一个项目一两年之内马上能见效益；法治建设抓一抓也能很快见效果。但是文化，是在一个虚无缥缈的空间里面搞建设，是容不得急躁的，不能用 GDP 的政绩观衡量文化领域的成就。

首先要坚持“温、文、稳”的原则。

“温”就是有温度、有热度。没有一定的热度不行，你提出来没有跟进也不行，所以要温。温就是讲究春风化雨，润物无声。那个“化”字很微妙，就好像用热度去融化坚冰一样。不是用锤子把冰敲碎，而是一点点地提高温度把那个冰化掉。

核心价值观是大道理，有意义，但培育与践行的重点，应当善于用“大白话”讲“大道理”，用“有意思”呈现“有意义”，让人们在接受中具有愉悦的心情，以形成向上的力量。

下面这个例子可以认为是温暖起作用的典型事例：

战国时期吴起为将，“与士卒最下者同衣食。卧不设席，行不骑乘，亲裹赢粮，与士卒分劳苦。卒有病疽者，起为吮之。

卒母闻而哭之。人曰：‘子卒也，而将军自吮其疽，何哭为?’母曰：‘非然也。往年吴公吮其父，其父战不旋踵，遂死于敌。吴公今又吮其子，妾不知其死所矣。是以哭之’”[①]。

“文”就是文化，包括文学、文艺等。文化本质上是人化，过程是化人，即以文化人。比如给小学生讲核心价值观，让其背诵记忆，认为这样知识就灌输进去了，他就能够成为一个践行核心价值观的人了。是这样的吗？不是这样子的。如果把道德知识当作学科知识来灌输，是犯了大错误的。要用文的东西，“文以载道”！要用文化活动、文学成果、文艺作品等有价值内涵的东西，把核心价值观渗透进去，以德服人、以文化人。知识可以强塞，但是价值观真的是塞不进去的。

子曰：“质胜文则野，文胜质则史。文质彬彬，然后君子。”[②] 棘子成曰：“君子质而已矣，何以文为?”子贡曰：“惜乎！夫子之说君子也。驷不及舌。文犹质也，质犹文也，虎豹之鞟犹犬羊之鞟。”[③]

我曾经跟一些领导干部开玩笑，我说有些酒场推托不掉，

① 《史记·孙子吴起列传第五》。
② 《论语·雍也第六》。
③ 《论语·颜渊第十二》。

我告诉你一个比较好的办法，就是读《论语》。你一天读上十页，读了一年之后，你就会发现一些无意义的场合你很不愿意参加。喝那个什么茅台酒、五粮液，越喝越没有味道。为什么？因为你的内心世界里，这种文化的因素上来了，对一些低俗的东西，就自觉不自觉地开始有了一些排斥。所以，大家不妨试试看，认认真真地读《论语》，读上一年，你会发现你的酒场会慢慢地减少。这就是文化的力量。

下面这个例子也是文化的力量：

芝加哥地铁站与几乎所有大都会的地铁站一样，有不少流浪艺人卖艺谋生。在那里，经常可以看到衣着考究的父母与他们的儿女一起静静伫立、聆听。一曲终了，父母方叫孩子上前放入硬币，然后对演奏者说“谢谢”。芝加哥一些学校的家长委员会针对一些孩童“面带漠然的施与”提出异议，要求家长教育孩子们尊重卖艺艺人。“要知道他们虽然落魄，却也是有才情、有独特价值观的人。我们必须听完一曲再给钱，这样，给出去的钱就变成了一种欣赏，而不是居高临下的怜悯。”

“稳”就是稳重，稳中求进。核心价值观是一件“滴水穿石”“铁杵磨成绣花针”的事情，需要绵绵用力，久久为功。不能急，要稳固推进，循序渐进，哪怕是一点一点地改善，只要你是朝着一个正确的方向努力，有日积月累的功夫就够了。

王绍光说："'树德莫如滋'，推行和维护核心价值观必须依靠一整套持续不断的灌输机制。当然，这里的灌输不是'大水漫灌'，而是'随风潜入夜，润物细无声'式的灌输，倾盆暴雨式的宣传迟早会造成意识形态的'水土流失'。"①

以下所引贝格尔的话，对于我们理解核心价值观的生成机制，是有助益的——

"社会是一个辩证的现象，因为它是人的产物，仅仅是人的产物，而这个产物却又不断地反作用于其创造者。社会是人创造的。除开人的活动和人的意识所赋予它的以外，它便一无所有。离开了人，也就不可能有任何社会实在。然而我们也可以说，人是社会的产物。每一个人的经历，都是社会历史中的一个插曲，而社会历史不仅先于个人的经历，而且在个人经历结束之后还要继续下去。在个人诞生之前，社会就存在了，而个人死后，社会将继续存在。更重要的是，正是在社会之内，作为社会过程的结果，单个的人才成了具有人格的人，才获得并

① 王绍光：《中国社会价值观变迁 30 年（1978—2008）》，中国社会科学出版社 2008 年版，第 80—81 页。

保持着一种身份，才可能实现组成他生活的种种计划。离开了社会，人不能生存。社会是人之产物以及人是社会之产物这两种说法并不矛盾。它们反映了社会现象固有的辩证特征。只要认识到这个特征，人们就可以从适合于社会的经验实在性的角度去理解社会了。”①

社会的基本辩证过程包括三个阶段或三个步骤，即外在化、客观化和内在化。我们只有将这三个阶段一起理解，才能维护关于社会在经验上恰当的观点。外在化，即人通过其肉体和精神活动，不断地将自己的存在倾注入这个世界的过程。客观化，是通过这种（肉体和精神两方面的）活动产物而达到的一种实在，这种实在作为一种外在于其创造者并与之不同的事实性，而与其最初的创造者相对立。内在化，是指人重新利用这同一个实在，再次把它从客观世界的结构变为主观意识的结构。正是通过外在化，社会变成了人的产物；通过客观化，社会变为一个特殊的实在；而通过内在化，人则成了社会的产物。②

① ［美］彼得·贝格尔：《神圣的帷幕——宗教社会学理论之要素》，高师宁译，何光沪校，上海人民出版社1991年版，第7—8页。

② ［美］彼得·贝格尔：《神圣的帷幕——宗教社会学理论之要素》，高师宁译，何光沪校，上海人民出版社1991年版，第8—9页。

其次要坚持有“高度、深度、力度”。

有“高度”，就是要有战略的高度，就是要实现说法、做法和活法的高度统一。现在说法里面出的问题，有些是说法自己的问题，有些是做法的问题，甚至还有些是活法的问题。所以说法、做法和活法要实现高度的统一，一定要站到一定的高度，这需要国家做战略层面的设计。比如对群众大讲特讲诚信、敬业、爱国等，但是“裸官”大量存在，他们的子女都在国外学习，老婆也已经到国外去了，他自己随时准备跳船。这个时候他对着我们说爱国，说一万遍我们也不会相信。不统一、不一致，就支撑不起自己的理论。所以这需要做战略层面的设计。

有“深度”，就是要让说法跟得上活法。活法不能固守自我，一定要跟得上时代的鲜活的东西。现在年轻人新鲜的思想、新鲜的话语要纳入到我们核心价值观的领域，不能说爱国马上就想到庄重和神圣，给人随时都会为祖国做出牺牲的那种感觉。

大家可能不会想到，话语体系在今天会变成一个极大的问题。说话不仅仅是说话。而话语也不仅仅是话语。话语是什么？话语是在一定的时空背景中，对语言有策略、有意义的使用，这才叫话语。所以很多学者、专家，从这个意义上来说，他们不会说话。你用一种什么语言来呈现这个事，你的这种理念和方式是用一套“文革”的语言呢，还是用一套改革开放的语言呢？所以话语在一定程度上必须要与时俱进。同样一个思想，在不同的时代，应当用不同的话语来表达。因为语言不仅仅是一个固定的东西，不仅仅是语言，而是在一定的时空背景中的有策略、有意义的使用。

我们的核心价值观也要面对不同的复杂情形，也要进行不同的阐释和解读。同样一个名词不能到处使用，通过一个概念要把它往深了说才行。我们不仅仅是要记得住那些概念，更要理解和践行。

正确的表达方式才能有打动人心的思想观念，合适的践行途径才能承载涵养心灵的精神认同。

有“力度”，就是要有制度的力量，就是要让做法体现说法，规约活法，就是我们的一套民主法治的制度、日常规范的制度，一定要让两者能够比较好地协调起来。

再次是要坚持“执、智、止”的原则。

“执”就是执着，就是要咬定青山不放松。因为培育核心价值观的成就感和回报感相对比较差，特别容易让人松懈。文化的东西、价值的东西可不是一天两天的事，需要咬定青山不放松。

“智”就是智慧，要聪明，睿智，通达，不盲目。比如现在我们建核心价值观，当务之急是什么？在国家层面是富强，在社会层面是公正，在个人层面是诚信。没有国家的富强，其他一切无从谈起；没有社会的公正，别的东西很难撬动起来；没有个人的诚信，很难建立良好的社会关系。所以不能一口吞个胖子，一定要知道怎么做，知道做什么，一步一步慢慢来。

“止”就是当行则行，当止则止，有所为，有所不为，知道应当做什么，知道不应当做什么。因为核心价值观只是众多价值观中居于核心的那一部分，还有许多外围的、非核心的价值观。不能妄想用核心价值观统领一切、代替一切。比如，核心价值观不是要把大家都打造成活雷锋，而是要端正一种态度。我们不满于现在社会上俗人太多，但是我们也不可能要求社会上的所有人都变成圣人。我们要做的工作是把俗人向上向善的一面不断地激发出来，这就够了。所以核心价值观绝对不是把所有人都变成圣人。

第二节 照出镜像中的自我

培育核心价值观，首先立意要深远，要有高远的情怀、包容的胸怀和现实的关怀。

高远的情怀，就是要实现国家良好治理，实现国家治理体系和治理能力的现代化。

包容的胸怀，就是我们要打造的不是一个一体化的社会，而是一个多元一体化的社会。过去我们讲“一”和“多”的关系，否认“多”，只有“一”。现在倒过来叫“一”统“多”。其实还可以再进一步讲，如果没有“多”，你那个“一”就没有意义和价值。我们经常讲思想引领，但是如果没有引领的东西，你那个引领就变成了一个荒唐可笑的东西。所以真正的马克思主义思想的沃土，在一个多元思想的时代才能够真正产生，不是一个一元时代，而是一个以多元为土壤的时代，这才能真正确立起来一个主导的思想。没有“多”，也无所谓“一”的意义了。

现实的关怀，就是核心价值观需要注重满足人的比如心灵的诉求、价值的诉求、对于生命意义的存在的诉求，注重从这些方面去满足他，而不是去满足他的娱乐诉求。现在很多地方价值观搞成了什么呢？他认为文化建设就是唱歌跳舞。你看我们广场大妈有多少，广场建了多少。这就是文化？这只是文化的一小部分，真正的文化是能够满足人的深层次需要和关怀的文化。但是这个是更高层次的要求。

孔子说："诗，可以兴，可以观，可以群，可以怨。"[①] 说的就是《诗经》这样一部伟大作品对人的心灵有多样化的满足作用。

聊斋志异·白莲教

白莲盗首徐鸿儒，得左道之书，能役鬼神。小试之，观者尽骇。走门下者如鹜。于是阴怀不轨。因出一镜，言能鉴人终身。悬于庭，令人自照，或幞头，或纱帽，绣衣貂蝉，现形不一。人益怪愕。由是道路遥播，踵门求见者，挥汗相属。徐乃宣言："凡镜中文武贵官，皆如来佛注定龙华会中人。各宜努力，勿得退缩。"因以对众自照，则冕旒龙衮，俨然王者。众相视而惊，大众齐伏。徐乃建旗秉钺，罔不欢跃相从，冀符所照。

① 《论语·阳货第十七》。

照出镜像中的自我，是核心价值观影响人心的一个重要机制。

其次是要区分层次。

社会思想舆论是有板块的，它可以分为社会思想、社会心态、社会舆论三个方面。对于不同的东西，我们应当有不同的明确目标。比如，对于思想要辩正误，心态要明善恶，舆论要显好坏。所以不同的东西，要下不同的功夫来做。

比如舆论，它容易产生，也容易消失。所以我们很多时候做学生的工作，学生传播一个什么舆论，觉得大惊小怪不得了。不要紧。舆论有自己的传播规律，过去了也就过去了。如果你真把它当回事，它还真成了事了。所以怎么样把握，确实需要下功夫。但是要提醒大家，一定要有一个区分层次的视角。

醉汉灯下找钥匙的故事就很有意味。一天晚上，一个醉汉在路灯下不停地转来转去，警察问他在找什么。醉汉说："我的钥匙丢了。"于是，警察帮他一起找，结果路灯周围找了几遍都没找到。于是警察问："你确信你的钥匙是丢到这儿吗?"醉汉说："不确信啊，我压根就不知道我的钥匙丢到哪儿。"警察怒从心中来，问："那你到这里来找什么?"醉汉振振有词："因为只有这里有光线啊!"这个故事很简单，看完这个故事，有人可能会感叹醉汉的“幼稚”“可笑”“荒唐”。但不好笑的是，“乌鸦笑猪黑，自己不觉得”。作为警察这个时候一定得有自己清醒的判断，思路不能随着醉汉走，得有一套自己的处理方案。这个故事也揭示了一个事实：在面临复杂问题时，我们的思维方式也常同这个醉汉所差无几，同样也是先在自己熟悉的范围和领域内寻找答案，哪怕这个答案和自己的问题相隔万里。用舆论来引导问题，切忌走失自我，万不可“身在此山中，云深不知处”。

所以习近平有一个“三个地带”的理论，说红色地带、灰色地带外还有一个黑色地带，对于不同的地带我们要有不同的策略。这个就给我们一个很大的提醒。

再次是要树立决心。

中华民族是世界上非常伟大的一个民族，因为我们这个民族一方面历史悠久，另一方面灾难深重，不光是近代史，从古至今都是这样。一部《二十四史》，一部《资治通鉴》，里面描述的刀光剑影、四分五裂数不胜数。但是中华民族都活下来了，靠的是什么？靠的是文化。文化里面有自己特色的东西，比如要有恒心。讲恒心当属唐玄奘。唐僧这个人你说他有什么本事？看见一座高山就战战兢兢跌落马下：“哎呀，悟空，前面是不是有妖精，你们要看仔细一点。”虽然能力和雄心严重不匹配，但是这个人就是坚定，就是有恒心。他有一句名言：“我就是死在路上，我头也要朝西。”就是要有这个决心。

光有恒心不行，光有恒心很迂腐。那恒心要跟什么配呢？信心。讲信心当属孙悟空。你看孙悟空他什么时候都没发过愁，仅有那么一两次掉过泪。要相信我们这个民族，有这种强大的自我修复功能。

有一种社会现象：即使一些人自己难以践行美德，但他们在谈论起社会风气时，也常常对种种丑恶不良现象感到激愤。这不恰好说明，人人皆有向善之心吗？这也是一个信心的来源。

这里举一个“盗贼也有良知”的例子。王阳明在庐陵担任县令时，抓到了一个罪恶滔天的大盗。这个大盗冥顽不灵，面对各种讯问强烈顽抗。

王阳明亲自审问他，他一副死猪不怕开水烫的架势说：“要杀要剐随便，就别废话了！”

王阳明于是说：“那好，今天就不审了。不过，天气太热，你还是把外衣脱了，我们随便聊聊。”

大盗说：“脱就脱！”

过了一会，王阳明又说：“天气实在是热，不如把内衣也脱了吧!”

大盗仍然是不以为然的样子:“光着膀子也是经常的事,没什么大不了的。”

又过了一会,王阳明又说:“膀子都光了,不如把内裤也脱了,一丝不挂岂不更自在?”

大盗这回一点都不“豪爽”了,慌忙摆手说:“不方便,不方便!”

王阳明说:“有何不方便?你死都不怕,还在乎一条内裤吗?看来你还是有廉耻之心的,是有良知的,你并非一无是处呀!”

盗贼也有良知,这就是信心的来源。

第三还有一个耐心。就像沙僧在《西游记》里说的,你管他什么时候到,只要我们是面向西的,一天一天走,一年不到两年到,两年不到好多年到,只要朝西走,总归有个到的时候。这就是一种功夫,只要我们朝正确的方向努力,你早晚有一天会到达理想的彼岸。耐得住寂寞,守得住清苦,保持自己的决心,然后锻造自己的信心,这是一种极大的智慧。

决心有了,功到自然成。金箍是观音和唐僧合谋骗孙悟空戴上的一个金属圈儿。平常的时候倒也没什么,甚至可以看成一种头部的装饰品，可一旦孙悟空做出越轨的事儿，唐僧只要念起紧箍咒就能令孙悟空头痛如裂。可当孙悟空经历了九九八十一难的考验，功行圆满，被神仙统治集团的代表如来册封为斗战胜佛时，金箍却自然褪去了。唐僧对此解释道："当时只为你难管，故以此法制之。今已成佛，自然去矣，岂有还在你头上之理！你试摸摸看。"虽然是神话的虚构，却暗含了深刻的人生哲理。

儒家为什么能够成为我们的主导思想呢？里面有很多值得我们今天学习的东西：

第一，有专门的职业化的机构。这些机构有一大批职业的人，来维护儒家伦理秩序和设想的很多东西。比如老皇帝死了，立的新皇帝是他的侄子，这个新皇帝继位后怎么对待他的生父呢？这就不是一个简单的问题了，而是一个礼的问题，一个特别重大的政治问题。因为他在一个讲究宗法秩序的环境中，这个问题非同小可，绝对是个大问题。

第二个是有完善的制度。比如科举制度、法律制度，还有宗法制度，有强力的贯彻性。科举制度吸引了那么多优秀的人才去苦读圣贤书，所以唐太宗说"天下英雄尽入吾彀中"。通过这种方式，那些有造反野心的人也没有野心了，都入朝为官治理国家了。这就形成了一个庞大的政治群体。

还有一个是严整的内容。严整的内容是什么呢？就是经典的文本、严肃的仪式和严苛的规范。古代的知识分子比如秀才，一旦中了秀才之后，下雨天在野外，那些农夫可以扛着锄头往家跑，他是不可以的，他要保持一种姿态。为什么？他是个读书人，读书人有读书人的行为规范。像德国社会学家齐美尔说的，这看起来是一种约束，实际上是一种特权。因为如果一个扛锄头的农夫也学你这样，秀才会被别人笑掉大牙的，但是如果话不这样，那他会被别人笑话。

姜广辉指出："在世界上，各大宗教都有许多清规戒律。儒学不是宗教，那它靠什么来约束儒者的行为呢？主要是对圣人经典名言的尊奉。"①

古代中国推崇儒家的这些做法，是令人深思的。

① 姜广辉：《战战兢兢如临深渊如履薄冰》，《光明日报》2016 年 5 月 16 日。

第三节　三岁孩儿虽道得八十老翁行不得

谚语有言："听一遍不如看一遍，看一遍不如做一遍，做一遍不如讲一遍，讲一遍不如辩一辩。"

培育和弘扬社会主义核心价值观，有没有需要辨析的问题？当然有。

首先是要处理好一些关系。

比如，不是说有了核心价值观其他东西就都没有了，所以主导与包容多样要处理好，主旋律与多样化要处理好。今天的时代，如果用包容的眼光来看的话，多样化不再是主旋律的干扰，而是主旋律得以存在的一个丰厚肥沃的土壤。没有多样化，主旋律也没有任何意义可言。如果社会上只有一种声音，那你说我们这个主旋律有什么用呢？有什么意义呢？

还有先进性与广泛性的关系。当然不能要求所有人都成圣成仙，但是也不能让很多人不满足于现状。我们只要不断激发和锻造，不断提升，让大多数人能从一种俗人的状态，往一种圣贤的状态去冲击去努力，去自发地追求，这就是核心价值观最主要的任务。所以不要把核心价值观的任务定位为让所有人成圣成仙，这是有些空想主义。

马克斯·韦伯指出：“我们的时代，是一个理性化、理智化，总之是世界祛除巫魅的时代；这个时代的命运，是一切终极而最崇高的价值从公众生活中隐退——或者遁入神秘生活的超越领域，或者流于直接人际关系的博爱。”①

韦伯的这个判断，对于我们正确认识先进性与广泛性的关系，具有深刻的启发意义。

第二是要有一些结合。

有个例子很有趣：

有一次，王阳明的弟子们外出讲学回来，都很沮丧。王阳明问原因，弟子们说，那些老百姓都不相信您的心学。王阳明回答：“你们装模作样成一个圣人去给别人讲学，人们看见圣人来了，都给吓跑了，怎么能讲得好呢？唯有做一个愚夫笨妇才能给别人讲学。”

大家能感觉到，核心价值观其实学理性非常强，一说就说

---

① 李兵：《生存与解放：马克思关于人类解放的哲学主题》，人民出版社2007年版，第91页。

到了伦理学、哲学的高度，但是同时它又有日常行为规范的要求，它要让大家在实践中去践行它，所以怎么样将哲学高度与实际生活结合就显得特别重要。

比如我们既要有博大深沉的追求，同时又要有一些精密细微的落实才行，要体现小的制度、小的规范。

还有一个是阳春白雪和下里巴人。刚才说对于不同层次的思想舆论，我们要有不同的策略；对于不同层次的人，我们也要有不同的策略。

习近平指出：一种价值观要真正发挥作用，必须融入社会生活，让人们在实践中感知它、领悟它。要注意把我们所提倡的与人们日常生活紧密联系起来，在落细、落小、落实上下功夫。

还有比如名义与实利的结合。不能让那些好人吃亏，不能让那些老实人吃亏，不能让老实人老是吃亏。老实人吃亏，在世界上貌似是具有“普遍意义”的。18 世纪法国著名文学家伏尔泰的代表作《老实人》，描写的就是一位淳朴善良、头脑简单的老实人。他信奉导师邦葛罗斯关于“世界尽善尽美”的哲学，却在旅程中遭遇了种种的不幸。高尔基的《在人间》中有这样一个情节：高尔基被别人用诡计砸掉饭碗，善良的厨师同他告别时对他说道：在这个世界上，好人是要倒霉的。《吃亏歌》是豫剧《村官李天成》中的一段经典唱词，该剧以河南省濮阳县（今濮阳市）西辛庄党支部书记李连成为原型。曾有媒体评论："这段戏曲应该成为现在党员干部的座右铭。"

当然，这是一个人自我内部的高要求，这么做应当是没有争议的，但在制度设计时，我们就不能不考虑"如何才能不让老实人吃亏"的问题了。不让老实人吃亏，真正做到"德福相配"，就能激励一批老实人。让老实人能干事、干成事，让老实人少吃亏、不吃亏，让会做事的人才脱颖而出，让"会来事"的人没有市场。如此，才有希望和未来！

阳春白雪与下里巴人的关系，我们古代有一句话讲得非常好，叫作"道化圣贤释化愚"。对于圣贤的人，对于有知识的人，层次较高的人，你讲道。道就是道理、道义。道理道义这些东西圣贤是可以听得进去的，他明白，也做得到。但是"释化愚"，针对的是那些层次不高的人，文化知识不多的人，你恐怕要用一些别的手段了。

还有一个，知与行要结合。"劈柴担水，无非妙道；行住坐卧，皆在道场。"因为知道了并不一定能够去行动，孔子也说：

“礼云礼云，玉帛云乎哉？乐云乐云，钟鼓云乎哉？”[①] 就是说，我说的礼难道就是那些玉帛吗？我说的乐难道就是那些钟鼓吗？不是的，是蕴含在它背后的本质性的东西。

所以一定要把知与行结合起来。比如禅宗里面有个很著名的故事：三岁孩儿虽道得，八十老翁却行不得。也就是说，有些道理三岁小孩都知道，但是这些道理，人活到八十却不一定能去实行。有些道理你给别人讲起来头头是道，把它使用到自己身上，未见得能有这样足够强大的自省能力。所以我觉得核心价值观也是每个人的事情，每一个人在内心都要经过一番教化和洗礼，从一个比较高的深层次的角度发自内心地去理解它，才能真正地拿来去跟别人共享。

《资治通鉴》里有这么一个故事：魏安釐王问天下之高士于子顺，子顺曰：“世无其人也；抑可以为次，其鲁仲连乎！”王曰：“鲁仲连强作之者，非体自然也。”子顺曰：“人皆作之。作之不止，乃成君子；作之不变，习与体成；习与体成，则自然也。”[②]

---

① 《论语·阳货第十七》。

② 《资治通鉴·秦纪·秦纪一》

核心价值观并非抽象玄虚的空中楼阁，也非高蹈深奥的学理探讨，它其实是千千万万普通人在日常生活中践行的美德，是一般公众都通晓理解的生活准则和价值观念。或者说，它就是诸多正常美好事物的概括与总结。这些价值都是人们共同认同的，它的含义当然是理论探讨和学术研究的课题，但更是普通人所体认的那些平凡而具体的善意和美好。做个善良、有责任心的好人往往并不需要复杂的伦理学的探讨，而是在生活中做出的具体、生动的选择。

源律师问："和尚修道，还用功否?"师曰："用功。"曰："如何用功?"师曰："饥来吃饭，困来即眠。"曰："一切人总如是，同师用功否?"师曰："不同。"曰："何故不同?"师曰："他吃饭时不肯吃饭，百种须索；睡时不肯睡，千般计较。所以不同也。"律师杜口。①

第三个是要破除一些思维方式。比如独断思维，把重要当唯一、把不同当对立、把干净当纯净，这些显然是不符合时代理念的了。

① 《五灯会元》。

第四节　选择了什么样的价值观就成了什么样的人

培育核心价值观，首先要克服某些难题。

有时候，影响我们培育和践行价值观的，不是我们是否认同，而是外界有所干扰。

对我们形成干扰的大体有四点：

一是社会丑恶现象。有的人会以社会上经常有、普遍存在来为自己的不良思想和行为辩护。这就有一个道德选择问题。老禅师与蝎子的故事可以说明。一个禅师去救一只蝎子，可那只蝎子居然蜇他，但是他依然去救蝎子。后来有人不解就去问他："蝎子蜇你，你为什么还要救蝎子呢？"禅师回答说："蜇人是它的本性，救它是我的本性，我的本性不会因为它的本性而改变的。"我们要做的，就是尽量用尽可能多的"老禅师的本性"去压制"蝎子的本性"，以使得社会上"蝎子的本性"变得越来越少。

在市场经济环境下，一个人自己做出选择时，他可能会展现一种人性的光辉。正像生活贫穷的人当中会有许多道德崇高的人一样，生活比较富裕的人也未必是道德卑下的。贫穷的社会有崇高的精神，富裕的社会也会有这样的精神。我们可以发现一个很明显的现象：即使一些人难以践行美德，但他们在谈论社会风气时，也常常对媒体中报道的坏现象表现激愤。这说明人人皆有向善之心，只要社会形成良好的风气，践行美好行为的人越多，不良现象就越没有市场。

二是老实人吃亏现象。谁越遵守核心价值观谁就越吃亏，比如爱国，敬业，诚信，友善等。这就有一个道德坚守的问题。不能用做生意回报的思维来看待道德。用对等的方式去反击攻击自己的人，就会很快地成为自己所憎恶的样子。

三是内心的两难现象。诚信，善意的谎言。以德报德，以直报怨。孟子："男女授受不亲，礼也；嫂溺，援之以手者，权也。"[①] 要以德商滋润智商，以智商提升德商。要做一个聪明的好人。

可以参考下面这个故事。俄国彼得一世有一条箴言：说理高于一切美德，因为任何缺乏智慧的美德都是空洞无物的。为了提高臣民的智慧，沙皇认为必须采取"说理"的方法，用实

① 《孟子·离娄上》。

际的利益来论证某一措施的合理性。在彼得敕令的论证部分中，最常见到的、他爱用的字眼是“鉴于”和“因为”。遇到这样的字眼时，几乎可以十拿九稳地断定该敕令出自彼得的手笔。例如，为什么收割庄稼要用芟刀取代镰刀？彼得解释说：“鉴于”用新办法收割更为有利——“一个中等劳力可以干十个人的活儿”。为什么屋顶板要用圆木锯制而不用木板分割？沙皇解释说：“因为”一根圆木可以锯出二三十块屋顶板，而一块木板只能锯成四五块屋顶板。为什么一定要开凿拉多牙环形渠呢？彼得回答说：“鉴于”众所周知的原因，拉多牙湖给彼得堡的全体人民带来了太大的损失。

四是以客观情况为借口。比如，有人会以经济条件不好、社会地位不高等为借口，为那些处境不好的人的不良行为开脱，或者认为那些处境不好的人“更有权利”做出一些不良的行为。实际上，这也不符合核心价值观的要求和养成规律。《聊斋志异·三生》中，异史氏（蒲松龄）有这样的话：“贱者为善，如求花而种其树；贵者为善，如已花而培其本：种者可大，培者可久。”①

① 《聊斋志异·三生》。

其次，要把握规律。

这个规律，就是“人性的进阶”。

《醒世恒言》中讲了一个“薛录事鱼服证仙”的故事。大意是这样的：唐朝时，进士出身的录事薛某因病发高烧，高烧到第七天，他渐入睡梦，梦中自己高热难耐，于是跃入水中，化为一条金色鲤鱼。来去之间，他看见一渔翁垂钓，薛录事明明知道有钓钩，但鱼饵实在诱人，犹豫再三，闻得饵香，“便思量要吃他的”。只是到了口边，他想到：我明明知道他饵上有个钩子，若是吞了这饵可不是被他钓了去？我虽然暂时变成了鱼，难道就不能到别处求食，偏要吃他钓钩上的饵吗？于是，到船周围游了一遭。怎奈那饵香得酷烈，恰似钻入鼻孔里一般，肚中又饥，怎再忍得住！最终，薛录事难忍鱼饵的诱惑，张嘴咬钩，结果被渔翁钓了上来。作者冯梦龙点评说，这叫“眼里识得破，肚里忍不过”。

明知道有害，仍然忍不过，这是人性的特点之一。我们知道，人身上的毛病是随时、不断产生的，所以我们需要不断地祛除，不能想象一下子就祛除。这对于我们修身来说也是如此，每个人不要期待自己的毛病一下子就没有了，这是不可能的，没有这个毛病还会产生别的毛病。我们所要做的，是不断地修炼自己，把这些毛病不断地祛除掉。所以，我给出了一个人性的进阶。

第一个台阶：恩格斯说："人来源于动物界这一事实已经决定人永远不能完全摆脱兽性，所以总是永远只能在于摆脱得多些或少些，在于兽性或人性的程度上的差异。"①

这说明什么呢？人身上的毛病缺点，不可能一下子去掉，总是有这么一个过程的。对不对？怎么看待这个问题呢？

第二个台阶：子曰："吾未见好德如好色者也。"②

人总是希望那些物欲的东西，总是喜欢一些让人产生欲望的东西，不喜欢那种道德的东西。这也是人的本性。那怎么办？

第三个台阶：子夏问曰："'巧笑倩兮，美目盼兮，素以为绚兮。'何谓也？"子曰："绘事后素。"曰："礼后乎？"子曰："起予者商也！始可与言《诗》已矣。"③

就是人在一个不断去掉一些不好的东西的基础上，不断增添好的东西，不断地这样轮替，最后把人打磨出来，把礼的东西灌注进去。用什么来灌呢？

---

① 《马克思恩格斯选集》第 3 卷，人民出版社 2012 年版，第 478 页。

② 《论语·子罕第九》。

③ 《论语·八佾第三》。

第四个台阶：董仲舒说："乐而不乱，复而不厌者，谓之道。"[①]

用道德的东西来灌。道德最大的好处，就是它不遵循边际效应的递减规律。不断地用道德去充实，充实到最后是什么样呢？一点一点灌注进去，一步一步地前进。

第五个台阶："颜渊喟然叹曰：'仰之弥高，钻之弥坚；瞻之在前，忽焉在后。夫子循循然善诱人，博我以文，约我以礼。欲罢不能，既竭吾才，如有所立卓尔。虽欲从之，末由也已。'"[②]

最后，通过这种方式达到了什么境界呢？这就是颜渊对于孔子的感叹——孔子是一个伟大的教育家，伟大到什么程度？伟大到颜渊用了一句话，叫"夫子循循然善诱人，博我以文，约我以礼"[③]。夫子让我多多学习文化知识，同时用礼来约束我。最后达到什么后果呢？"欲罢不能"！大家想一想，"欲罢不能"是一种什么样的境界？就是真正彻底地把人从那个兽性的状态，转化为一种文化的状态，你想再退回到兽性状态已经不可能了。

---

① 《资治通鉴·卷十七·汉纪九》。
② 《论语·子罕第九》。
③ 《论语·子罕第九》。

这就是文化的价值观的约束已经建立起来了。这就是最高的境界，这就是核心价值观在自己内心树立的境界。

《聊斋志异·汤公》之记述，足可令人警醒：

汤公名聘，辛丑进士。抱病弥留，忽觉下部热气，渐升而上，至股，则足死，至腹，则股又死，至心，心之死最难。凡自童稚以及琐屑久忘之事，都随心血来，一一潮过。如一善，则心中清净宁帖；一恶，则懊侬烦燥，似油沸鼎中，其难堪之状，口不能肖似之。

犹忆七八岁时，曾探雀雏而毙之。只此一事，心头热血潮涌，食顷方过。直待平生所为，一一潮尽，乃觉热气缕缕然，穿喉入脑，自顶颠出，腾上如炊，逾数十刻期，魂乃离窍，忘躯壳矣。而渺渺无归，漂泊郊路间……

孔子说："人能弘道，非道弘人。"[1] 道理在这里，关键看我们用不用。现在，我们有了这样一个价值观念、框架，让我们真正地开始在一个新的起点和规范的基础上，来建立自己内心的道德判断框架、社会的道德框架和自己人生的意义框架。所以，关键要把自己的工作和核心价值观结合起来，把自己的思

① 《论语·卫灵公第十五》。